B 北京时代华文书局

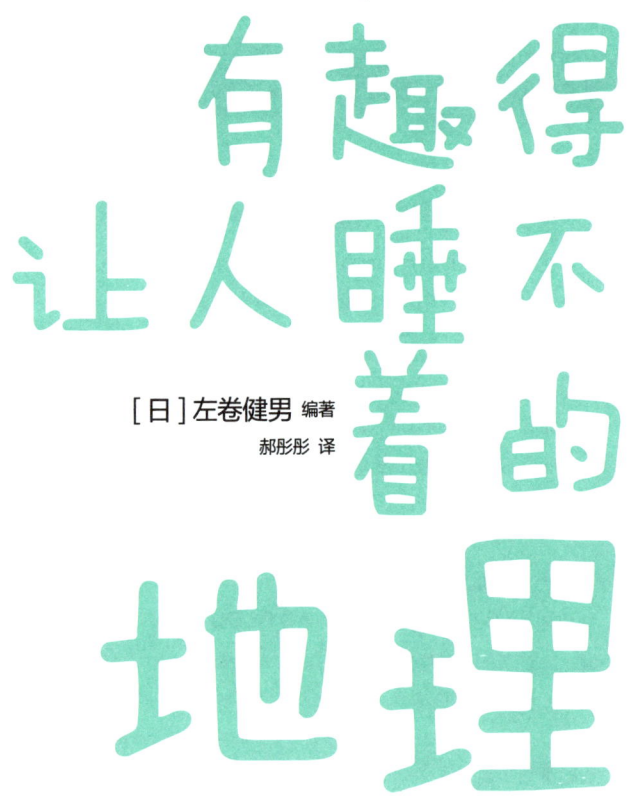

于无声
处人提之
中男子的
思考

[日]平野启一郎 著
郭勇 译

男も〈噂話しなく〉なる時代

图书在版编目（CIP）数据

有趣得让人睡不着的地理／（日）左卷健男编著；郝彤彤译．— 北京：北京时代华文书局，2019.5（2021.8 重印）

ISBN 978-7-5699-2989-8

Ⅰ．①有… Ⅱ．①左… ②郝… Ⅲ．①地理—青少年读物 Ⅳ．① K9-49

中国版本图书馆 CIP 数据核字（2019）第 063131 号

OMOSHIROKUTE NEMURENAKUNARU CHIGAKU

Copyright ©2012 by Takeo SAMAKI

Illustrations by Yumiko UTAGAWA

First published in Japan in 2012 by PHP Institute, Inc.

Shimplified Chinese translation rights arranged with PHP Institute, Inc.

through Bardon-Chinese Media Agency

北京市版权局著作权合同登记号 图字：01-2018-6094

有 趣 得 让 人 睡 不 着 的 地 理
YOUQUDE RANG REN SHUIBUZHAO DE DILI

编　　著 | ［日］左卷健男
译　　者 | 郝彤彤

出 版 人 | 陈　涛
选题策划 | 高　磊
责任编辑 | 邢　楠
装帧设计 | 程　慧　段文辉
责任印制 | 訾　敬

出版发行 | 北京时代华文书局 http://www.bjsdsj.com.cn
　　　　　北京市东城区安定门外大街 138 号皇城国际大厦 A 座 8 楼
　　　　　邮编：100011　电话：010 - 64267955　64267677
印　　刷 | 凯德印刷（天津）有限公司　　　电话：022-29644128
　　　　　（如发现印装质量问题，请与印刷厂联系调换）

开　　本 | 880mm×1230mm　1/32　印　张 | 6.5　　字　数 | 104 千字
版　　次 | 2019 年 6 月第 1 版　　　印　次 | 2021 年 8 月第 15 次印刷
书　　号 | ISBN 978-7-5699-2989-8
定　　价 | 35.00 元

版权所有，侵权必究

自序

我编写这部书是有我的原因的。

"地理真的很有趣！"

我之所以如此地开门见山，是因为我想让更多的读者能有这样的感受。

我认为在自然科学中，地理与物理、化学、生物同样有趣。那些探求自然秘密的人身上发生的悲喜故事、被发现的概念和定律等，这一切都妙趣横生。

我的专业是日本小学、初中、高中的初级理科教育，我也曾担任过初高中的理科教师。我当时的信念就是：我要把课程讲解得十分有趣，有趣到一家人吃晚饭时可以开心地谈论当天课堂上发生的事。

我一直希望学生们通过学习理科课程，能觉得学到了大量知识，能被知识感动，能让知识充盈内心，能通过思考而感到兴奋。

在自然科学中，地理是一门覆盖面很广的学科，它囊括了我们脚下地球的内部结构、地球表面、覆盖地球的大气层，还有遥远的宇宙。此外还包括地震、火山爆发、台风、暴雨等自然灾害，以及每天的天气等我们身边常见的现象。

遗憾的是，目前在日本的高中阶段，很少有学生选择学习如此有趣的地理。甚至可以说，现在一般人具备的地理知识，只停留在初中水平而已。

而这本书就是面向这样的朋友，总结了一些需要了解的地理相关知识。尤其是认为地理很无聊的朋友，请一定要阅读这本书，它可以向你展示动人的、有活力的地理学散发的魅力。

比如，与我们息息相关的时间。你知道吗？12亿年后，我们将会使用16点的时钟，就是由于地球不断减慢的自转速度而产生的现象。

约46亿年前，宇宙空间中分布着的气体和灰尘一边旋转一边聚拢，最终形成了太阳。随后，绕太阳旋转的、由岩石块组成的小行星不断互相撞击、合并，最终形成了地球。

科学家认为，诞生初期的地球，自转一周的时间，也就是一天的时间，只有5个小时。然而现在一天有24个小时，这就说明了地球的自转速度是逐渐减慢的。因此，科学家推测今后时间会变得更慢，一天的时间随之变得更长。

　　地理是一门非常广博的学问。时至今日，我们的先人已不可思议地打开了一扇又一扇世界之门。虽然我们逐渐明白了许多原理，但还有不计其数的问题等待着人们去探索。

　　我真心希望可以和更多的人一起分享这门学科为我们带来的震惊与喜悦，我要努力继续研究下去，让理科知识能给更多人带来感动和收获！

　　　　　　　　　　　　　　　左卷健男

目录

自序　001

Part 1　生机勃勃的地球故事

亚特兰蒂斯传说的真相　003

原来的世界是一个整体？　009

冰岛是地质学上的宝库　019

世界最高峰不是珠穆朗玛峰？　025

喜马拉雅山脉还在变高？　031

日本的火山是什么类型的　037

热爱火山的邮局局长　043

成为化石并不轻松　049

地球是一块巨大磁铁？　056

地球的磁极正在逆转?　066

为什么会发生大规模灭绝　072

雪球地球假说的冲击　080

Part 2　有趣的气象学故事

拔掉浴缸塞子，水的旋涡向哪边转　087

为什么台风多发于8月、9月　095

晚霞漂亮代表第二天是晴天?　101

喷射气流搬运的秘密武器　109

山顶的零食包装袋鼓起来的原因　117

为什么高处会冷呢　124

夏天下冰雹的奥秘　130

冬天新干线在关原附近行驶缓慢的原因　136

Part 3　奇妙的宇宙故事

地球原来是宇宙的中心?　143

伽利略用望远镜看到的宇宙　151

宇宙的诞生与元素的合成　157

地球和金星的不同命运　163

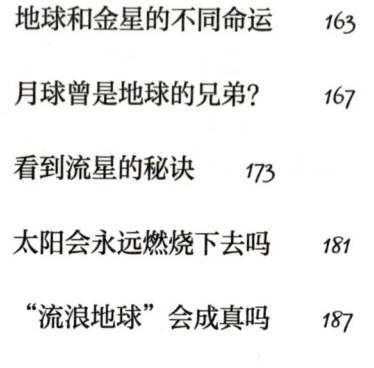

月球曾是地球的兄弟?　167

看到流星的秘诀　173

太阳会永远燃烧下去吗　181

"流浪地球"会成真吗　187

后记　192

参考文献　194

Part1

生机勃勃的地球故事

SiO$_2$

PANGEA

亚特兰蒂斯传说的真相

始于柏拉图

中世纪以来，梦想家们最喜爱的传说之一便是亚特兰蒂斯。

亚特兰蒂斯传说最早出现在公元前4世纪古希腊哲学家柏拉图的书中。柏拉图在《提迈奥斯》和《克里特阿斯》两书中都描绘了这个王国。

书中是这样记载亚特兰蒂斯的。古希腊七贤之一、雅典立法者梭伦，在公元前594年完成国家制度改革后，出国游历。抵达埃及时，埃及祭司告诉了他关于亚特兰蒂斯的故事。

亚特兰蒂斯的故事发生在柏拉图所处时代的9000多年前。柏拉图借他笔下人物之口诉说了这个故事的真实性。

◆传说中的亚特兰蒂斯岛

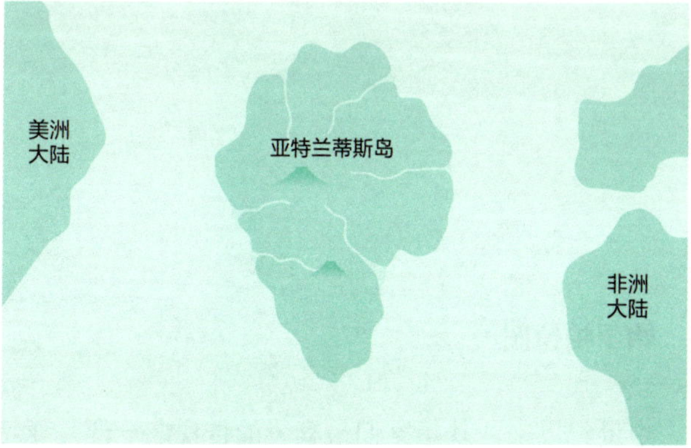

亚特兰蒂斯岛位于"海洛克斯之柱"（直布罗陀海峡旧称）以西的亚特兰蒂斯海（现为大西洋）之中，其面积比北非和小亚细亚合起来还大。海神波塞冬和妻子克莱托任命其长子亚特拉斯为国王，同其余九个儿子一起统治亚特兰蒂斯。这座岛屿上的矿产资源和农林畜牧资源极为丰富。

在岛上随处可见巍峨的宫殿，浩浩荡荡的运河，气势磅礴的大桥，金碧辉煌的寺院、庭园和竞技场等，居住在此的人们锦衣玉食、安居乐业。而且其强大的国力不仅覆盖周边诸岛，还远达欧洲西南部、非洲西北部，形成海洋帝国大一统的盛景。

故事中还描述了"古雅典人"（远古希腊人），他们拥有与亚特兰蒂斯不分伯仲的高级文明。他们因勇敢迎战并击退亚特兰蒂斯强大的侵略军队而成名。就在古雅典人即将乘胜追击时，亚特兰蒂斯忽然暴发了恐怖的地震和洪水。就这样，仅在一昼夜之间，亚特兰蒂斯岛就在海中永远消失了。

真正的问题是，这是真实存在的抑或仅是创作？

哲学家亚里士多德是柏拉图的学生之一。如果说柏拉图是一个追求永恒不变的"理想国"的理想主义者，那么亚里士多德则是一个重视经验和事实的现实主义者。亚里士多德认为，亚特兰蒂斯仅仅是柏拉图创作出来的。

如果亚特兰蒂斯真实存在的话，那么与之同时期的远古希腊也应该存在。即使亚特兰蒂斯在一昼夜之间沉入大海，无迹可寻，那么作为拥有高度文明的远古希腊也应该留下某种形式的踪迹才对。可至今为止，没有人发现关于远古希腊存在过的丝毫踪迹。

中世纪以后，那些相信亚特兰蒂斯故事的人们不断扬帆起航，只为探寻到那块大陆存在过的踪迹。除大西洋外，美国大陆、斯堪的纳维亚半岛、加那利群岛等多处大陆和岛屿都被他们称为亚特兰蒂斯。其中也有人强行类比亚特兰蒂斯传说提出这样的假说：柏拉图将年代写错了一位，爱琴海中的锡拉火山应该爆发于公元前1500年左右，导致了米诺斯文明的消失，因此找不到踪迹。

海因里希·施利曼之孙的声音

保罗·施利曼因称其发现亚特兰蒂斯，曾备受关注。保罗·施利曼的祖父是曾挖掘到古希腊神话中的特洛伊遗迹的著名的考古学家海因里希·施利曼。保罗在1912年10月，于纽约杂志《美国人》上发表了一篇题为《我是如何找到一切文明的起源——亚特兰蒂斯的》的长篇文章。文章中提到，他的祖父海因里希·施利曼去世前遗留了一封很厚并且严密封存的信，信中讲述了亚特兰蒂斯的秘密。

保罗称根据他的后续调查，亚特兰蒂斯的人们在失去家园后曾居住在玻利维亚的蒂亚瓦纳科遗址。保罗还声明他将出版发行图书，公开所有未解之谜。

考古学家们一直以来都嘲笑那些声称找到亚特兰蒂斯

的梦想家们，但是他们不能无视海因里希的孙子保罗，于是开始私下进行认真调查。调查发现，保罗称根据祖父的信而发现的物品，实际上存在学术层面上的问题，并且没有任何资料显示他曾经游历各国去寻找证据。

陪同海因里希·施利曼挖掘的助手也证明，海因里希并没有对亚特兰蒂斯进行过大规模的研究。

保罗面对调查出的事实，并没有申辩，自然也没有出版发行他承诺的著作。这样一来，他虽然一时吸引了外界的注意，但随后逐渐被世人遗忘。后来甚至有人认为，或许海因里希根本没有保罗这样一个孙子，《美国人》上那篇文章根本从头到尾都是记者们捏造的。

地质学上的解释

现在，我们从地质学角度重新审视一下柏拉图提出的亚特兰蒂斯传说。首先，人们认为亚特兰蒂斯位于大西洋，而海底调查显示，大西洋海底没有任何痕迹表明大片陆地曾经存在过。

接下来用板块构造论来看这个问题。板块构造论认为，欧亚、美洲、非洲等六大板块原本是连在一起的超大陆（盘古大陆）。这样一来，并没有任何空隙可以留给亚特兰蒂斯这样巨大的陆地。

并且传说中提到仅在一个昼夜内，整块大陆就完全沉没并消失于大海。这样的事情在地质学上不可能发生。

即便如此，依旧有一些人坚信亚特兰蒂斯是真实存在的。他们把柏拉图书中描绘的内容抑或神秘主义者口中的"自己见过亚特兰蒂斯人灵魂"的言论，当作自己的证据，好像认为世界各处都是亚特兰蒂斯。

原来的世界是一个整体?

相对应的海岸线

当精确的世界地图第一次呈现在人们眼前,有些学者发现非洲大陆和南美洲大陆的相对海岸线轮廓是如此相对应。16世纪英国哲学家弗朗西斯·培根就是其中一位。

但当时人们的目光都集中在亚特兰蒂斯传说身上,即便在几千千米外有一条十分相似的海岸线,大家也认为只是偶然罢了。

然而,德国气象学家阿尔弗雷德·魏格纳(1880—1930)的直觉告诉他,两条海岸线轮廓如此对应,背后一定隐藏着什么重要的信息。他大胆猜想,会不会过去这两块大陆原本就是一体的,甚至不只如此,亚洲、欧洲、澳洲、南极洲……所有的大陆本身就是一个整体,即所谓的

"盘古大陆"。

◆ **盘古大陆**

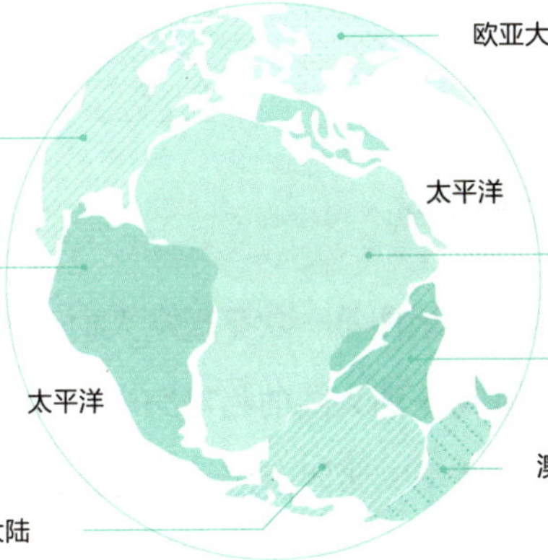

北美洲大陆

欧亚大陆

太平洋

非洲大陆

南美洲大陆

印度次大陆

太平洋

澳大利亚大陆

南极大陆

　　魏格纳继续大胆推理，他想假如所有大陆原本都相互接壤的话，那么接壤地区存在过的动植物化石一定分布在如今的各个大陆上。于是他浏览、调查了各种古生物学的研究成果，发现了一个又一个支持自己假说的证据。

　　魏格纳兴奋不已，将自己的"大陆漂移"假说向地质学会上报，并撰写了《海陆的起源》。

陆桥说的强势反击

那么魏格纳的假说当时有没有顺利地被人们接受？当然是不可能的。

在当时的地质学领域内，人们普遍认为大陆是静止不动的。而且魏格纳的专业是气象学，职业是天气预报员。在那个时代，即便是地质学家提出的假说都会招来同行的反对，更何况是"完全没有地质学研究经验"的区区天气预报员提出的新鲜学说，毫无疑问地引来了地质学家们的强烈反对。

比如，化石调查显示，三趾马这种古代的马，曾同时期在法国和美国的佛罗里达州存在。有人得出大西洋中存在陆桥的结论。假设陆桥真实存在的话，那它的长度将要达到4000千米。此外，古代生存的貘（类似河马的哺乳类动物）也在同时期出现于南美和东南亚，也让一些人相信那里也有陆桥。

不久后，古代地图被改得很怪异，各个大陆之间填满了陆桥或其他陆地。地质学家们却表示不合情理。他们认为这些陆桥和大陆应该是慢慢沉入海底的。

魏格纳抱憾而终

魏格纳假说最大的弱点是无法证明究竟是什么力量驱使大陆分裂和移动的。魏格纳曾认为是"由于地球南北两极略扁产生的挤压力"。但地质学家们认为那种力量不足以撼动大陆，不予接受。

魏格纳一生在气象领域取得了不少成就。他为了证明大陆漂移假说，前往格陵兰岛实地考察，却不幸遇难，长眠于此。

魏格纳提出的假说虽然没有因为他的与世长辞而立即被人们遗忘，但在一系列的讨论之后，终于在20世纪30年代，也逐渐销声匿迹了。

"磁性化石"告诉我们

很多人第一次听到带磁性的化石时，都会感到诧异。

这里所谓的化石，并不是指"古代动植物的遗体、遗物或遗迹变成的石头一样的东西"。地质学范畴上定义的化石，是由此衍生出的"保持原状的古代物品"。

火山爆发喷出来的高温熔岩[1]本身是不带磁性的，但其冷却后，就会被当时所处的地磁磁化，并与磁场方向一致。这是因为其含铁，而含铁的矿物易受到地磁场的影响。我们称这种被锁定在岩石内部的磁场为"热剩余磁性"。

带有热剩余磁性的岩石会持续保留被磁化时的磁性，即使之后遇到不同方向的磁场也不会产生变化。因此，只要我们调查岩石带有的热剩余磁性的方向，同时根据放射性元素的衰变情况进行年代测定，就可以推断出这块岩石形成（熔岩凝固）的年代，进而得知地球的磁场是如何随时间的推移而变化的。

除热剩余磁性外，还有其他形式可以存储地磁。江河湖海中的细小碎屑不断沉淀，最终凝固成沉积岩时，就会形成"沉积剩余磁性"。

20世纪50年代之初，世界各地都开始勘察磁性化石。我收集了世界各地区的勘察记录，汇总到了一张地图上。

---

[1] 岩浆是指地下熔融或部分熔融的岩石。当岩浆喷出地表后，则被称为熔岩。（译者注）

◆重叠磁极移动轨迹后发现……

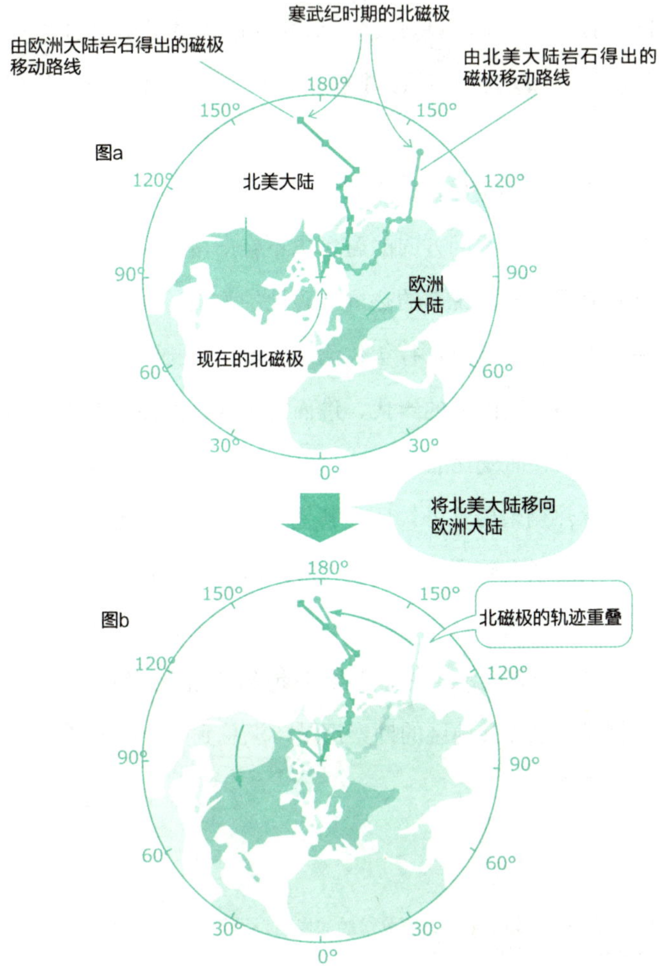

由欧洲大陆岩石得出的磁极
移动路线

寒武纪时期的北磁极

由北美大陆岩石得出的
磁极移动路线

图a

180°
150°
150°
120°
120°
90°
90°
60°
60°
30°
30°
0°

北美大陆

欧洲
大陆

现在的北磁极

将北美大陆移向
欧洲大陆

图b

180°
150°
150°
120°
120°
90°
90°
60°
60°
30°
30°
0°

北磁极的轨迹重叠

图a是利用欧洲和北美的岩石推断出的北磁极的移动轨迹。因为北磁极只有一个，所以两条轨迹必须完全一致。

那究竟是怎么回事呢？

如图b所示，如果将北美大陆拿到欧洲大陆旁边，两条轨迹就几乎重叠了。也就是意味着过去欧洲大陆和北美大陆是连在一起的。

时隔20年之久，魏格纳的大陆漂移说终于"起死回生"。

板块构造论证明魏格纳假说

大陆漂移说得以重获新生，其中贡献最大的非海底地形勘探莫属。

20世纪50年代，人们正式开启海底勘探，继而得知地球上最高最长的山脉竟绵延于大海之中。这条巨大山脉始于冰岛，延伸至大西洋中部、非洲南部，贯穿印度洋与南极海，蜿蜒至澳大利亚南部，由此转而横穿太平洋，绵延至阿拉斯加。

偶尔，我们能看到浮出水面的海底山脉，但在勘察之

◆震源的深度

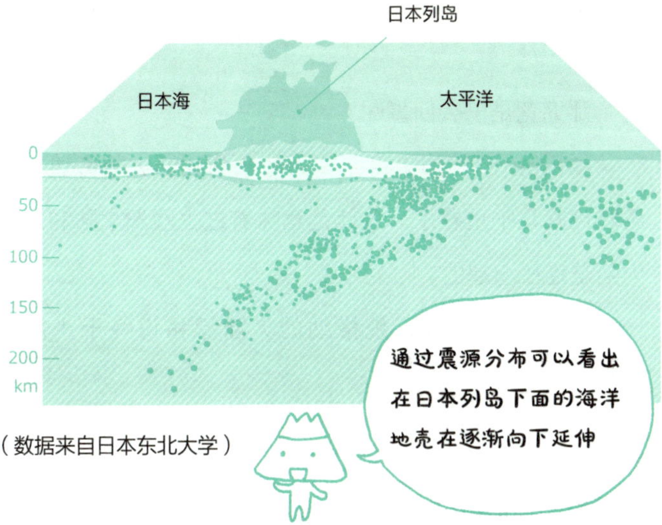

日本列岛

日本海　　　　　　　　　　太平洋

0
50
100
150
200
km

（数据来自日本东北大学）

通过震源分布可以看出在日本列岛下面的海洋地壳在逐渐向下延伸

前，没有人知道海水下面竟然还绵延着数千千米的山脉。为区分海底与陆地的山脉，我们称前者为"海岭"。

1960年，人们根据岩石资料得知，大西洋中央海岭处的洋底年龄较小，随着向东西两端的推移，洋底的年龄越来越大。

此外，陆地上的岩石起源于约40亿年以前，而最古老的海底岩石也才有2亿年的历史。并且古老的洋底在与大陆相对平行的海沟（海洋中狭长的沟槽，是海底最深的地方）附近突然消失了。那么古老的洋底到哪里去了呢？

地震学家们在勘测日本附近震源深度时发现，地震发生区域内，太平洋侧震源较浅，越向日本海和陆地靠近，震源越深。也就是说，震源自太平洋侧向日本海侧逐渐加深，构成一条向下倾斜的震源带。

人们认为，之所以洋底在海沟消失，并自海沟起出现逐渐加深的斜向震源带，是因为洋底诞生于中央海岭并向海沟移动，抵达海沟后下沉潜入地幔。

形象地说，大西洋的海底相当于两条巨大的传送带。一条将地壳拖运至北美洲方向，另一条则将地壳传送向欧洲。就这样，海底不断地在蔓延、扩张着。这里所说的地壳更准确地说，是指包括地壳和上地幔顶部的岩石圈。

1964年，在英国皇家学会主办的讨论会上正式通过"地球表面由多个碎片（即板块）连接镶嵌而成。而板块之间的相互作用力引发了多个地方的地壳变动"之说。

就这样，"板块构造论"终于成为被承认的新科学。同时，这也以一种新的形式证实了魏格纳提出的大陆漂移假说。

此时距离魏格纳提出大陆漂移说已有半个世纪之久。

当初让魏格纳百思不得其解的驱动大陆移动的力量，现在被认为可以推动整个地壳。而这种力量就诞生于自海岭顶部上升的地幔对流。

冰岛是地质学上的宝库

史上最大规模的火山爆发

历史上最大规模的火山爆发，当属冰岛共和国（以下简称"冰岛"）的拉基火山爆发。拉基山上有长达2500千米的火山群，上面排列着约120个火山口。

这些火山口导致了1783年6月拉基火山的大规模爆发。当时，拉基山的地面突然裂开，一股股火焰喷薄而出，形成25千米宽的熔岩流，宛若一条"火帘"。

此次喷发断断续续喷射了5个月，释放了大量岩浆。这次火山爆发造成了冰岛五分之一的人口——1万人死亡。此外，北半球也因为上空被火山灰笼罩而得不到充足的日照，引发了大规模饥荒。

如今的冰岛依然是多火山、地质活动频繁的国家。

2010年春天，冰岛又发生了大规模火山爆发。位于冰岛南部的艾雅法拉火山，先后在2010年3月和4月发生了两次大规模爆发。

从火山口源源不断喷出的火山烟尘在11千米处的高空形成火山灰云团，并随着东南风向飘移，邻近的欧洲北部深受其害。由于火山灰可能导致飞机引擎故障，各国航空局都取消了4月15日—21日的航班，并封锁机场，交通受到了极大的影响。

像在日本这样狭长列岛上的火山，都是自山顶喷发火山灰，其中以安山岩质为主。而冰岛的火山是从谷底的裂缝处喷射，喷出的火山灰大多是松散的玄武岩质。

大海中也有山脉

表示地球表面的地形的词有许多，如高山、高原、平原、盆地等。其实，在我们平时看不到的大海中，也存在和陆地一样的地形，并且它们都拥有自己的名字。

前文提到，大海中是有山脉的，我们叫它海岭。比如，位于大西洋中央的海岭叫作大西洋中央海岭；位于印度洋的有自大西洋起绵延到南极的印度洋海岭、东南印度洋海岭；太平洋东侧有东太平洋海岭；南太平洋中靠近南极大陆一侧，有太平洋—南极海岭等。宽广的洋底中央存在着各式各样连绵起伏的海岭。

虽然大部分海岭都深藏在我们看不到的海底，但也有个别海岭露出海面。其中一个就是冰岛。请看下图。冰岛位于欧亚板块和北美板块的交界线上，岩浆活动频繁。当海底岩浆活动剧烈导致火山持续喷发时，大量的喷发物就会不断冷凝堆积。最终，喷发物露出海面形成了今天的冰岛。

◆位于大西洋中央海岭之上的冰岛

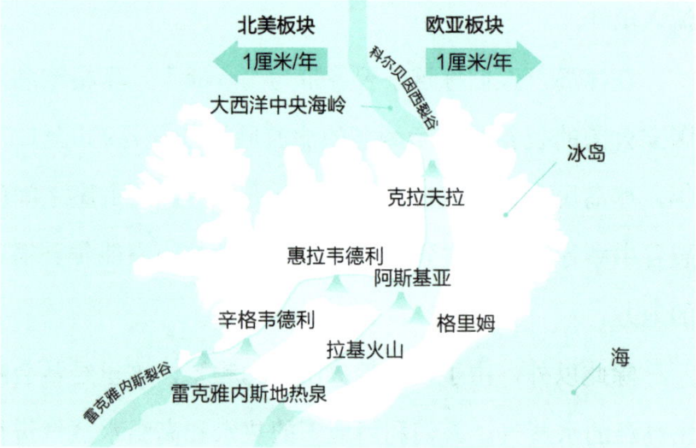

北美板块　1厘米/年
欧亚板块　1厘米/年
科尔贝因西裂谷
大西洋中央海岭
冰岛
克拉夫拉
惠拉韦德利
阿斯基亚
辛格韦德利
格里姆
拉基火山
海
雷克雅内斯裂谷
雷克雅内斯地热泉

海底平均深度约为4000千米，自海面至海岭山顶的深度约为2000—4000千米。也就是说，冰岛之所以能够露出海面，得益于不计其数的火山喷发物。人们推测，至少需要2亿2500万年的积累才能堆积成如今的冰岛。现在冰岛岩浆活动依旧如往昔一般频繁。

裂谷带还在继续扩张

在冰岛看到的大西洋中央海岭东临欧亚板块，西邻北美板块，地处板块交界处，因此形成了裂谷带。

两大板块每年各自向左右移动1—1.5厘米，因此裂谷带每年扩张为2—3厘米。而其间的缝隙则被玄武岩质岩浆流入填补。

在冰岛，人们称这条裂谷带为"gyao"。辛格维利尔国立公园的裂谷是一个著名的旅游胜地。公元930至1271年，冰岛民主议会（冰岛语：Alþingi）曾在山崖之间的裂谷中举行。声音碰到山崖反弹回来，其回声能传到很远的地方。

除此以外，由于裂谷带火山活动频繁，这里经常会喷出高温的水蒸气。人们利用地下的热水和高温水蒸气进行地热发电，同时还用于供暖和温室栽培。

◆冰岛民主议会Alþingi

从冰岛到糸鱼川市

新潟县糸鱼川市[1]有一个大地沟地质公园（Fossa Magna park）。公园里有一个景点叫作"露头"。工人挖

---

[1]　糸鱼川市：位于新潟县最西端、面向日本海的城市。（译者注）

出一个斜面，让人们可以看到糸鱼川—静冈构造线的断层面，也就是露头。"露头"是指地球表面突出可见的岩床或表面沉积物。

这个露头将陆地分为东边的北美板块和西边的欧亚板块。在这里，你可以右脚站在北美板块上，左脚站在欧亚板块上。在板块分界线处，北美板块和欧亚板块相互碰撞，岩盘不断被磨碎，后逐渐变成了我们看到的泥化带（断层泥）。

北美板块和欧亚板块在冰岛附近诞生且在继续扩张分离。糸鱼川市是一个非常难得的地方，因为人们在这里可以亲眼见到两大板块的终点。

北美板块和欧亚板块的交界处，途经日本海东部、鞑靼海峡、上扬斯克山脉、切尔斯基山脉、北极海、格陵兰海、冰岛和大西洋中央海岭，十分宽广。

世界最高峰不是珠穆朗玛峰?

山是如何成为山的呢

现在我们所见的山，起先的形态其实并不是山。即便是崇山峻岭，在过去也仅仅是平坦的土地。那么，山究竟是怎样形成的呢?

山的成因可大致分为两种。

第一种是火山的形成。地壳喷出的高温熔岩经冷却凝固后不断堆积，便形成了火山。日本最著名的火山当属富士山了。富士山是由三次火山大爆发喷出的熔岩堆积而成的。

另一种就是地表经过褶皱运动挤压而形成的山。举例来说，当我们水平地拿起一块垫板，从两端用力挤压，垫板就会弯曲变成小山的形状。日本的第二高山北岳（位于

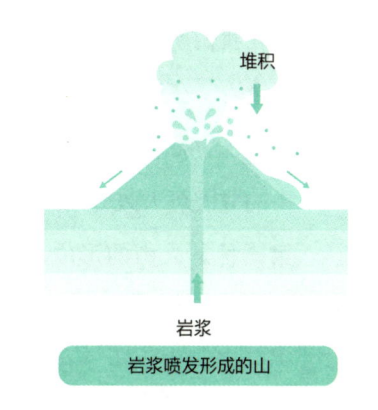

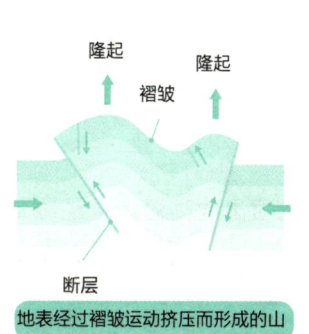

山梨和静冈县），就是由于地壳运动，地表两端受到挤压而形成的山。

北岳是由海底堆积的沉积岩构成的，所以并不是火山。世界上还有许多和北岳成因相同的山脉，如北美的落基山脉、印度和中国西藏之间的喜马拉雅山脉、欧洲的阿尔卑斯山脉等。

◆ **两种山的形成方式**

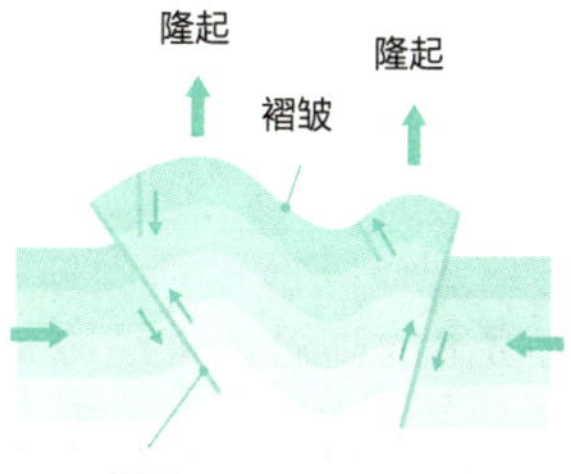

隆起　褶皱　隆起

堆积

断层

地表经过褶皱运动挤压而形成的山

岩浆

岩浆喷发形成的山

测量珠穆朗玛峰高度的方法

珠穆朗玛峰（也叫埃非勒斯峰"Everest"）被誉为

世界最高峰，海拔8844.43米。这个数值是用"地心到珠峰顶端的距离"减去"地心到珠峰大地水准面的距离"得到的。

地球上的地形千差万别，既有超过8000米的高山，也有超过1万米深的海沟。由于地壳的密度并不平均，密度大的地方重力会较大，因此地球的重力也不是固定的。

70%的地球表面都是海洋。因此大地测量学把与世界平均海平面相重合的"重力等势面"作为"大地水准面"，以此代表地球的基本形状。日本以东京湾的平均海平面作为"大地水准面"（离岛除外）。

也就是说，珠穆朗玛峰的高度指的是珠峰所在地的平均海平面（大地水准面）到山顶的高度。人们在说珠峰高度的时候，会说"海拔8844.43米"也是这个原因。

从地心开始测量

如果我们用"山顶到地球中心的距离"代替大地水准面来计算高度的话，那么世界第一高山将由珠穆朗玛峰变成位于赤道附近的钦博拉索山（海拔6310米）。

◆测量山高度的三种方式

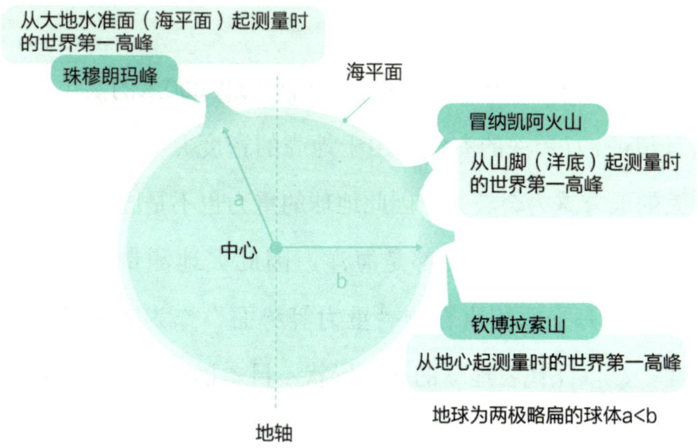

从大地水准面（海平面）起测量时
的世界第一高峰

珠穆朗玛峰

海平面

冒纳凯阿火山

从山脚（洋底）起测量时
的世界第一高峰

中心

a

b

钦博拉索山

从地心起测量时的世界第一高峰

地球为两极略扁的球体a<b

地轴

地球以两极为轴进行自转，地球赤道附近区域由于离心力而略微向外鼓起。因此，赤道附近纬度较高的地区距离地心更远。赤道附近的钦博拉索山的高度，若按照距地心距离计算的话，要比珠穆朗玛峰高出约2000米。

从山脚（洋底）开始测量

我们可以以大地水准面为基准测量陆地上的山，那用什么办法测量从海底冒出的山呢？

比如，有一座山，有5000米都位于海下，露出海面的山顶为100米，那么它的高度就是100米。如果山顶没露出平均海面的话，就没法测量高度。

为了解决这个问题，人们在测量山脚位于海底的山高时，以洋底为基准，测量从洋底到山顶的高度。

夏威夷的冒纳凯阿火山，露出海面以上的山峰高度为4205米。若从太平洋洋底的山脚处开始测量，它的高度为10202米。比珠穆朗玛峰的海拔还要高出约1357米。如果有一天地球上的海水消失了，那世界第一高峰就变成了冒纳凯阿火山。

但是，现在人们规定以"大地水准面"为基准进行海拔测量，因此最高峰还是珠穆朗玛峰。

有趣得让人睡不着的地理

Geography

原来测量标准
不是只有一个
啊！

喜马拉雅山脉还在变高?

珠峰上有海底的痕迹

海拔8844.43米的珠穆朗玛峰是喜马拉雅山主峰,世界第一高峰。在山顶附近,有一片被登山者称为黄带的地层。在那里,原本黑色的岩石变成灰白色的带状岩石。黄带层的真身其实是石灰石。这种石灰石是由和海胆同属的海百合演变而来,其间含有化石。

其实含有黄带的岩层,来自约3亿年前特提斯海(古地中海)的海底。曾经位于海底的岩层,如今却在8000多米的高山上。

历经沧海桑田

特提斯海曾位于现在的喜马拉雅山至阿尔卑斯山之

间。数千万年前，陆地在喜马拉雅、阿尔卑斯一带逐渐露出海面，隆起成山。

即使陆地每年只隆起1厘米，经过数千万年的累积，现在也应该有数万米高才对。但在陆地实际隆起的过程中，会受到风雨或河川等的剧烈侵蚀。因此山的高度取决于陆地隆起速度和被侵蚀速度这两个因素。

那么是什么原因导致陆地隆起呢？

当类似印度次大陆、欧亚大陆那样巨大的板块发生运动时，隆起就会发生。陆地其实就是覆盖地球表面的十几块板块。这些板块由数十至数百千米厚的岩石构成，它们像传送带一样，每年都会移动几厘米。

也就是说，本来的印度次大陆板块向欧亚大陆板块俯冲，挤压两者之间的特提斯海堆积的地层，使其上升到了现在的高度。并且，这种上升运动今天仍在继续。

日本地形的诞生

日本列岛是什么情况呢？

按地球的历史来说，我们现在所见到的山地、平原都是近期形成的。也就指在第四纪（约260万年前）以后发

◆ 喜马拉雅山脉的形成

6500万年前

印度

欧亚大陆

特提斯海

海底

曾经位于南半球的印度次大陆向北漂移

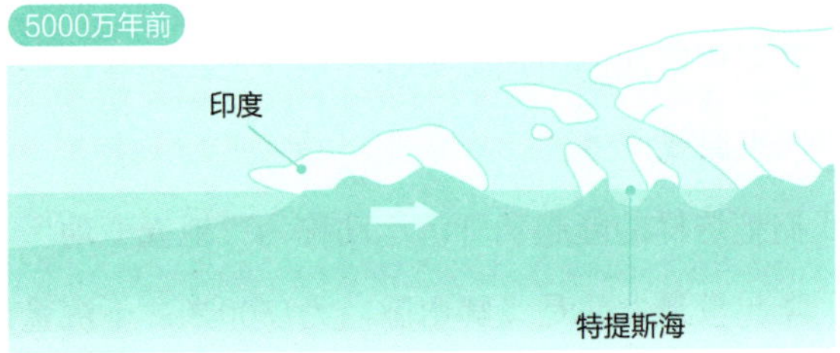

5000万年前

印度

特提斯海

特提斯海的海底岩石被向上推起，特提斯海萎缩

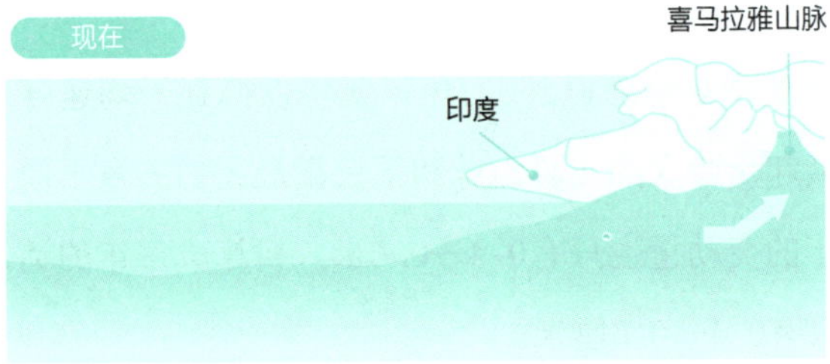

现在

印度

喜马拉雅山脉

印度次大陆撞向欧亚大陆，形成喜马拉雅山脉。特提斯海消失

生的。按地球历史算的"近期"，和我们日常生活中说的"近期"有着天壤之别。在第四纪时代，日本列岛就已经基本形成了。

距今约260万年前，日本列岛各地开始发生隆起或者下沉运动。在陆地隆起逐渐变高的同时，风雨河川也在侵蚀着岩石。当隆起的岩石多于被侵蚀的岩石时，就出现了山。

另一方面，陆地下沉的地方就会出现盆地。在陆地下沉时，其周围隆起的山地会掉落一些沙土，随着这些沙土的堆积，平原就产生了。

我们把这样的隆起和下沉运动称为"地壳变动"。在日本，隆起量最大的是飞驒山脉，为1500米；下沉量最大的是关东平原，为1000米。

那么，隆起和下沉的速度是怎么样的呢？

用变动总量除以260万年，就可以得到平均速度。即便是隆起量最大的飞驒山脉和下沉量最大的关东平原，每1000年的变动量也只有0.4—0.6米，换算成每年的话，变动量只有0.4—0.6厘米。

有报告显示，关东山地的年均上升量为0.5厘米，四国山地为1—2厘米，赤石山脉为4厘米。即便每年变化1厘米，260万年后也会变成2600米。这正印证了古话"积土成山"。

喜马拉雅山脉年均隆起量为10厘米以上，比日本山脉多出了许多倍。

不得不感叹，印度次大陆和欧亚大陆相互碰撞产生的强大力量真的是令人叹为观止。

有趣得让人睡不着的地理

Geography

用力用力,
好大的
力气!

用力!
用力!

日本的火山是什么类型的

喷火=喷出岩浆

火山爆发是由什么引起的呢？

地球内部的高温导致岩石融化，形成岩浆。当岩浆上升到地表附近时，由于压力减小，大量堆积的岩浆就会从像裂缝这样薄弱的部位喷发出来。

岩浆形成于相对较浅的上地幔中，存在于深度在数十至2900千米的地幔之中。在此说明一点，虽然地球内部的温度极高，但并非上地幔（数十至数百千米）中的所有岩石都处于熔融状态。

关于岩浆的形成过程，有两种说法。

第一种是"低融点成分混入说"。人们把像日本列岛这样，外侧存在海沟的弧形细长岛屿称为"岛弧"。在海沟附近，朝大陆前进的板块会一点点俯冲进海底。沉入海底的板块会将大量水带入地幔内部，导致岩石熔点降低，从而产生岩浆。

◆ **低融点成分混入说**

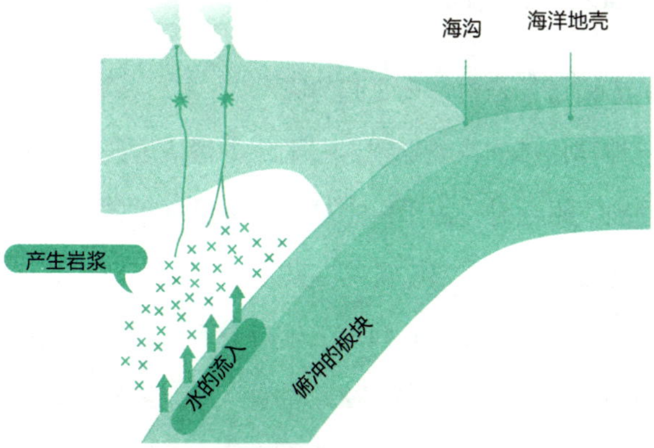

海沟　　海洋地壳

产生岩浆

水的流入　　俯冲的板块

另一种是"降压熔融说"。与海沟处相反，在海岭处海洋板块的两侧，地幔和板块会一起上升。在上升的过程中，由于环境从高压变为低压，一部分岩石呈熔融状态，形成了岩浆。

人们推断在地壳和地幔的交界处至火山地下数千米之间，都有大量岩浆堆积。

人们把岩浆从岩浆库冲出地表的一系列现象称为"火山活动"。岩浆释放气体时发生大爆炸，也就是火山爆发。此时火山口会流出熔岩（约1000℃—1200℃），同时喷出火山弹、火山砾、火山灰和火山气体。

火山爆发之前，会有一些现象可以帮助人们预测爆发时间。比如，由于地下岩盘遭到破坏，会频繁发生地震，或由于岩浆和气体膨胀导致山体隆起等。

二氧化硅的含量是决定因素

岩浆的黏度和其气体含量会导致不同形态的火山活动。

岩浆中含有一种物质，叫作二氧化硅。我们熟知的石英就是二氧化硅结晶体，其中无色透明的就是水晶。地壳中含量最多（质量比重）的元素是氧，紧随其后的就是硅。因为组成地壳的岩石中，存在大量由氧元素和硅元素组成的二氧化硅化合物。

◆水晶

岩浆中所含二氧化硅越多，熔岩的黏度越高，而熔岩黏度越高，其喷出时的角度越大，越易形成高大的火山。当二氧化硅比例较低时，熔岩就会像小溪一样缓缓流淌，更易形成平缓的火山。

喷发的剧烈程度也随二氧化硅的含量而变化。二氧化硅含量较低的岩浆更利于释放气体，喷发时较为宁静。而二氧化硅含量较高的岩浆在增加熔岩黏度的同时，不利于气体释放，导致喷发更为剧烈。

当熔岩黏度变高时，熔岩就会在火山口上及其附近冷却凝固，形成熔岩穹丘，有时还会引发火山碎屑流。日本的大部分火山都是由富含二氧化硅的岩浆剧烈爆发后形成的。

昭和新山[1]和平成新山[2]（1990年云仙普贤岳发生火山爆发后，诞生出了一个比普贤岳还高的穹丘）都是典型的由富含二氧化硅的岩浆爆发而形成的火山。

质疑"绳文杉"的树龄

屋久岛上有一棵叫作"绳文杉"的屋久杉。由于人们推测它的树龄有7200岁，因此得名绳文杉。但这棵树的树龄逐渐遭到人们的质疑。

距屋久岛不远处，位于鹿儿岛以南的硫磺岛和竹岛之间，有一块被称为"鬼界破火山口"的地形。"破火山口"指的是由于火山爆发而形成的巨大凹地。鬼界破火山口约在6300年前形成。那次喷火导致的超大规模火山碎屑流，致使喷出的熔岩和火山灰不但没能冷却凝固，反而变

---

[1] 昭和新山：是一座位于日本北海道有珠郡壮瞥町的火山。被包含在支笏洞爷国立公园的范围内。昭和新山是在 1943 年 12 月到 1945 年 9 月期间岩浆喷发所形成的一座火山。（译者注）
[2] 平成新山：位于日本长崎县的岛原半岛，1990 年至 1996 年间由于火山喷发新形成的一座火山。（译者注）

成高温的熔融状态。

◆二氧化硅的含量比和熔岩状态

熔岩状态等		二氧化硅含量		
		较多（70%以上）		较少（50%以下）
	喷出时的熔岩温度	低（约1000℃）	←中间→	高（约1200℃）
	喷出时的熔岩黏度	大		小
	熔岩的堆积方式	向上堆积		平面扩散
	喷火方式	爆发式喷火		熔岩宁静流淌
代表火山		▼ 昭和新山	▼ 浅间山	▼ 基拉韦厄火山（夏威夷）

人们认为火山碎屑流袭击了九州一带，致使九州地区的生命尽数灭绝。而屋久岛也应该在受灾区域之中。

喷向高空的火山灰甚至到达了北海道，最厚的地区堆积了超过10厘米。现在，这些火山灰仍然存在。

此外，人们根据放射性元素衰变对绳文杉进行了年代测定，其结果显示树龄为3000—4000年（也有说法是2700年），而这种说法也比较合乎情理。

热爱火山的邮局局长

麦田中诞生了火山

1943年12月28日，有珠山北西麓的洞爷湖温泉街等地突然发生频繁地震。正值"二战"高潮，日本的空气中弥漫着失败的味道。

当时，三松正夫是北海道壮村（现为壮町）的邮局局长，1910年有珠山火山爆发时，他帮助东京大学的大森房吉先生进行现场观测，亲眼见证了明治新山的诞生。

这次经验让他具备了些许火山的知识，因此，当感觉到第一次地震并发现有珠山开始摇动时，他第一时间奔赴现场，同时还给他的火山学家朋友们发电报汇报了消息。

但当时，科学家们被迫要做对战争有帮助的调查研究，没办法赶到现场。军事当局认为扩散地震的消息会影响军心，便下令封锁消息。

后来，壮村麦田的地面不断隆起上升，形成了火山口，不断喷发火焰。到"二战"结束的1945年9月20日，熔岩穹丘形成，终于在海拔407米的地方停止了火山活动。昭和新山就此诞生。

我们将这种山顶熔岩塔突出的地形称为火山锥。如今昭和新山红褐色的山体依然在喷着白烟。现在它的海拔为398米，这是因为温度降低和侵蚀导致山体每年在缩小。

震惊世界的三松记录图

由于得不到火山学家和军事当局的帮助，三松只好自己观察并记录发生的事实。在连食物都紧缺的战争时期，胶片、纸和衣服更是稀有。而三松却牢记"火山爆发是探寻地球内部最好的机会"的教诲，废寝忘食、独具匠心地记录了这次火山完整的活动过程。三松在他小小的邮局撑开"手里的线"，丈量出了这座新山的高度。

就这样，记录了从火山活动开始到停止全过程的"三松记录图"得以石破天惊地问世。

"三松记录图"由两张图组成。第一张是记录山脊

随时间变化的"昭和新山隆起图"。另一张综合记录了
火山活动开始到结束的所有观测资料，总结了在邮局感
受到的地震次数与喷火、隆起的关系，被称为"时间关
联关系图"。

◆昭和新山隆起图

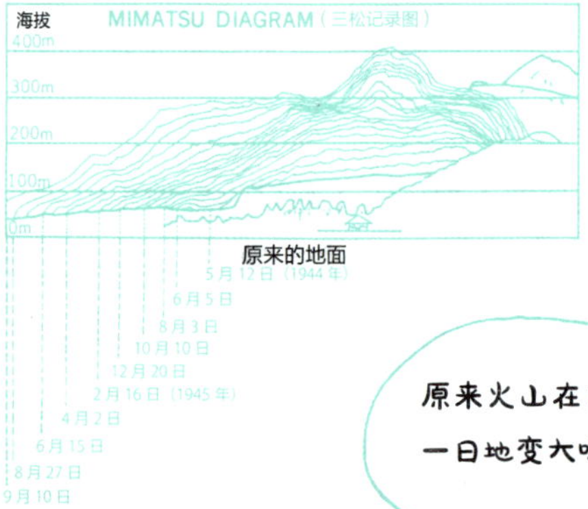

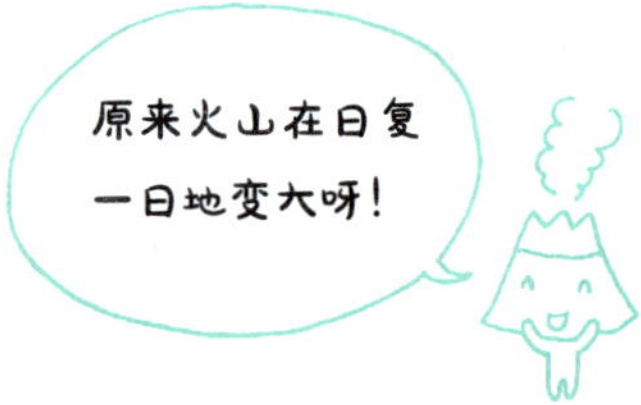

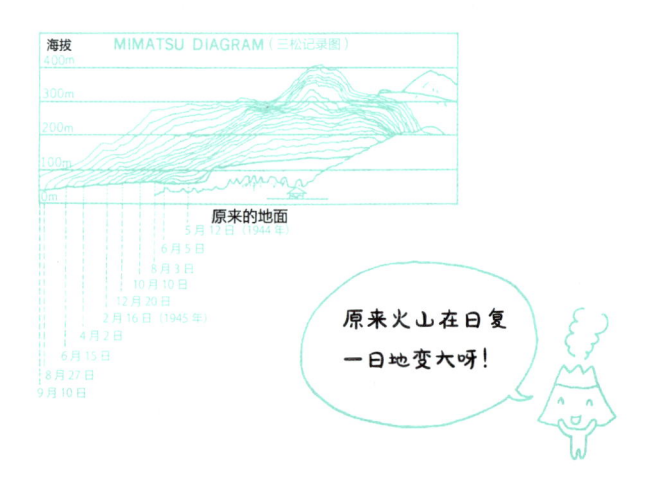

这两张图在田中馆秀三的协助下，得以发表于1948年
挪威奥斯陆市召开的万国火山会议上。面对这份出于外行

之手却又详细记录战时日本偏僻之地的火山诞生图，与会专家都惊叹不已。此后，这份三松记录图成为火山学历史上光彩夺目的一笔。

买下火山的男人

1946年，三松准备买下昭和新山。他认为，昭和新山的形成过程是世界上首次被确认的"隆起型火山"的珍贵样本，为了能够长久地看到地球的破坏力和再生力，这一带需要被完好保存。

并且，由于当地的人们失去了赖以为生的麦田，他为了寻求北海道和国家的救济，曾跑到各个地方请愿。但当时人们都认为，不应该保护这个引发灾害的罪魁祸首，对他的恳求置之不理。

面对这种情况，他没有办法，只好自掏腰包，用28000多日元买下了火山的主要部分，约有42公顷。于是，三松成为世界上第一个活火山所有者。

1977年，热爱昭和新山的三松与世长辞，享年89岁。现在，三松正夫纪念馆馆长三松三郎先生（三松正夫的女婿）继承了他的遗志。

想攀登昭和新山的话……

昭和新山曾经是可以攀登的，是唯一一个可以近距离体验地热和听到喷气声音的活火山。但1977年有珠山火山爆发后，有人指出穹丘有可能崩塌，因此为防止发生事故开始禁止入山。时至今日，依旧无法入内。

我曾经出于科学考察的目的，有幸获得火山所有人三松三郎先生的特许，在当时担任状瞥町理科教员的横山光先生（火山专家）的带领下攀登过一次昭和新山。我还在冒热气的火山口附近煮了鸡蛋。下山后我参观了三松正夫纪念馆，三松馆长还送给我他为我们拍的站在山顶上的照片。

昭和新山虽然不高，但是山体岩石容易崩坍，路面也坑坑洼洼，人一旦滑落就会有生命危险。如果非常想爬昭和新山的话，不妨去参加昭和新山登山学习训练活动。

如果你去游览昭和新山的话，请一定去参观三松正夫纪念馆，去学习一下他穷尽心血编写的资料。拜读过后，你一定能对眼前的火山有更加深刻的认识。

有人吃之愛我，我好幸運的！

Geography
掌握距離，人類生涯的幾何

成为化石并不轻松

贝林格教授的悲剧

16、17世纪，欧洲开始大规模修建高大的建筑物和宏伟的运河。在修建的时候，经常可以挖出大量像石头一样的爬虫、鱼骨、贝壳、树根、树干等。这些东西其实就是现在我们说的化石。但那时人们还不知道化石的存在，每个研究者都有自己的推测和猜想。

当时被称为天才的列奥纳多·达·芬奇给出了正确的分析："古代动植物的遗骸被埋在地下，经过漫长的岁月变成了石头。"可只有少数人同意他的观点。

当时最流行的说法是，这是大地创造出来的，只是大地没有赋予它们生命。因此这两个学说可以总结为：一、化石是大自然戏谑的产物；二、化石是神秘的大地之力塑造的作品。可想而知，当时的人们会相信哪种说法。

德国维尔茨堡大学的教授约翰尼斯·贝林格（1667—1738）是一位著名的化石研究人员。他和大多数人一样，坚信化石是"神灵创造的石质艺术品"。

贝林格为了搜集到更有利的证据，雇了三个年轻人，让他们到附近的山地寻找化石。不久，这些年轻人陆续拿来了雕刻着鸟、乌龟、蛇、青蛙、昆虫、鱼的石头，画着花草树木的石头，画着太阳、月亮、星星、彗星的石头，还有刻着拉丁语、阿拉伯语、希伯来语文字的石头。据说他们前后一共拿回了两千多块石头。

贝林格以这些石头为史料，1726年出版了一本带有精美插图和详细解说的书。当时的学者们都争相阅读这本书。一时间，这些奇妙的石头成为欧洲的热点话题。

但是好景不长。有一天贝林格在年轻人找出的石头当中，发现了一个刻着自己名字的化石。在那一刻，他终于明白，原来至今为止所有所谓的"化石"都只是恶作剧。他叫来那三个年轻人细细询问后得知，是与他共事的一位教授和大学图书馆管理员看不惯自己傲慢的态度，想要教训一下自己。

可怜的贝林格只好无奈地表示会自掏腰包买回所有著作，并尽数烧掉。

◆骗过贝林格的化石

在奇迹般的条件下

生物只有在一定条件下才能演变为化石。一定条件指的就是"死在无法被动物吃掉并且不会腐烂的理想场所"。即使可以保证不被其它动物吃掉，尸体也非常容易被细菌和微生物分解。

只有很深的土壤才具备这种条件。只要身体被掩埋在很深的土壤中，就不用担心被动物吃掉，而且那里也不存在能腐蚀尸体的细菌。随着土壤的长时间堆积，土壤连带其中的生物都会逐渐变成坚硬的岩石。

但这并不代表生物的尸体能毫无变化地保存下来。在被土壤封存的几万年、几千万年甚至上亿年里，生物体中容易被分解的部分逐渐消失，只有少数部位和土壤中的矿物质发生置换等反应后得以保留。

举例来说，自然界中动物骨骼变成化石的概率是一亿分之一。每个人有206根骨头。当今所有日本人的骨头加起来，也只有二十几根可能成为化石。二十几根骨头差不多只占到一个人骨头总数的10%。

有身体和没有身体的化石

1900年，人们在西伯利亚发现了有毛和肉身的冰冻猛犸象。据说有狗非常开心地吃了它的肉。这个猛犸象也被称为"冰封的化石"。

另一方面，也存在没有留下身体的化石，其中较为著名的就是在大约1亿5000万年前（中生代侏罗纪）的德国地层发现的水母化石。水母的身体并没有留下，形成的是有水母形态的"印象派化石"。当水母安静地横躺在泥沙上时，会有许多泥沙无声且迅速地在水母身上堆积起来，而其上下的泥沙就印下了水母的身形。

同样原理的还有恐龙走路时印在石灰岩上的"脚印化石"，印有沙蚕等多毛类、螃蟹等甲壳类爬行痕迹的"移迹化石"。也有人发现过动物粪便的化石。

除此以外，螃蟹和穿孔贝挖凿的洞穴、陆生动物居住的巢穴等也形成了化石，遍布世界各地。这些都被称为"生痕化石"。

也就是说，只要是古代生物留下的任何形式的遗迹，都可以被称为化石。化石在英语里叫作"fossil"，在拉丁语里的寓意是"从地球挖掘出的东西"。

"活化石"的真相

另一方面，有一种被称为"活化石"的腔棘目生物。

调查腔棘鱼在解剖学上的性质得知，它和当今的鱼类有很大区别，是生活在古生代（泥盆纪）的生物。但腔棘鱼的形态和几亿年前几乎没有差异，因此被人称为"活化石"。

植物界的活化石是银杏。一般来说，开花植物需要依靠雌蕊和雄蕊来进行授粉，精子通过花粉管与卵细胞合体完成受精。银杏虽然也会开花，但精子是通过在水中游动和卵细胞合体完成受精的。银杏是开花植物，却用这种与众不同的方式受精，而这正是古生代植物的特征之一。

通过分析银杏化石可知，银杏出现于约2亿8000万年前的古生代后期二叠纪，在恐龙繁衍生息的中生代侏罗纪时期生长得更为茂盛。欧洲曾经认为，银杏在中生代末期和恐龙一起灭绝了。

但是，1690年，恩格柏特·坎普法作为长崎荷兰商馆的医生来出岛赴任时，发现长崎的寺庙中种植着银杏。

应该已经灭绝的银杏，为什么会在长崎的土地上再度生长呢？

其实在侏罗纪以后，有一部分银杏留在了中国南部的土地上。而这些银杏随着佛教一同从九州传入了日本国内，而后在日本生根发芽。

我也希望
我的身体里
有化石！

Part 1

生机勃勃的地球故事

地球是一块巨大磁铁？

磁铁的N极所指的方向

小学的科学课上，有很多人做过将条形磁铁放在浮于水面的塑料托盘上，观察条形磁铁方向的实验。那时老师告诉我们"N极指的是北"。但事实上，N极指的方向是稍稍偏离正北的方向。

测定地点不同，偏离正北的角度也会随之变化。在东京，N极所指的方向在正北以西约7度的地方。也就是说，东京人将N极所指的方向向东调7度，就可以得到正北方向。磁铁所指方向与真实方向的偏移量叫作"磁偏角"。在约350年前，磁铁的偏角和今天完全相反，指向正北以东8度的地方。

◆磁偏角

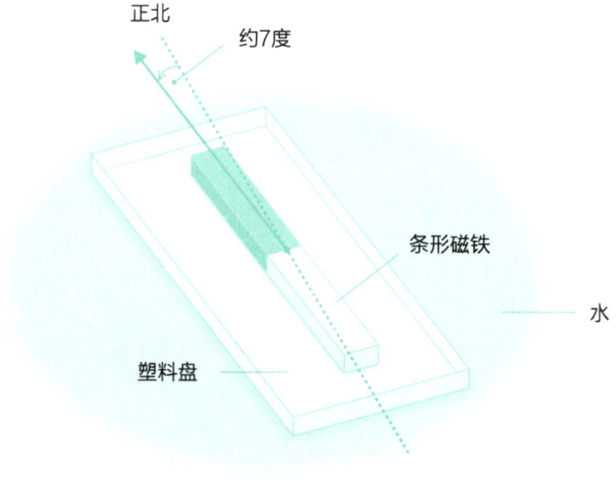

正北
约7度
条形磁铁
水
塑料盘

Part 1
生机勃勃的地球故事

　　地球的磁极（地磁场的N极、S极）在不断地缓慢移动，是地磁场的长期变化造成了这种现象。虽然这种细微的偏差对人们的日常生活不会造成影响，但对于地图制作来说是极为致命的。

　　作为测量学家的伊能忠敬，在约200年前，制作出了震惊世界的极为精确的日本地图。在那个不知道磁偏角存在的时代，按理说用观测天体移动和指南针测出的数据应该有很大问题才对。

那么他究竟使用了什么方法呢？

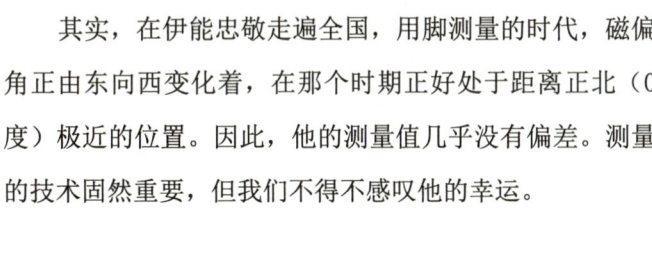

其实，在伊能忠敬走遍全国，用脚测量的时代，磁偏角正由东向西变化着，在那个时期正好处于距离正北（0度）极近的位置。因此，他的测量值几乎没有偏差。测量的技术固然重要，但我们不得不感叹他的幸运。

◆磁倾仪

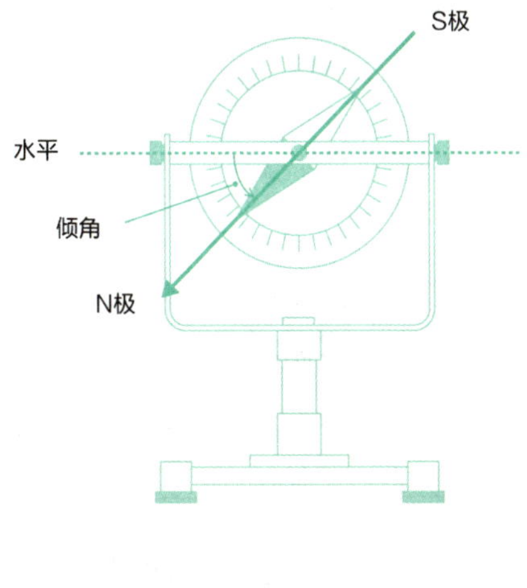

指南针的小秘密

使用指南针时，仔细看指针会发现它并不是水平的，

N极稍稍向下倾斜。北半球N极向下倾斜，南半球S极向下倾斜，倾斜角度由赤道向两极逐渐变大。这个倾斜的角度叫作"磁倾角"，人们一般使用磁倾仪来测定磁倾角。

东京的磁倾角大约为50度，因此指南针的N极指针应向下倾斜50度。但是，如果指针过度倾斜，会导致指南针的轴和轴承互相干扰，致使指针无法自由旋转。为避免这种现象发生，人们会把指南针的S极指针加重，从而平衡两极，使其变为水平。

那如果在南半球使用日本制造的指南针会怎么样呢？

我曾到新西兰进行过实地测试，发现S极指针倾斜严重，无法旋转。由于在南半球磁倾角位于S极指针，当地制造的指南针会加重N极指针来保持平衡。

N极的N是代表North的N吗

指南针的N极总是指向北，因此人们把地球想象成一个巨大的磁铁。那在地球的北极，是否有N极和S极呢？有许多人认为，因为N极的N代表North的首字母N，所以北极就是N极。

代表北的N和代表南的S的确是North和South的首字

母，但其实北极对应着S极，南极对应着N极。如果你知道磁铁的N极和S极相互吸引的原理，应该就不难理解这个事实。因为磁铁的N极和位于地球北极处的S极相互吸引，所以N极指针会指向北面。

也许有人会问：那把指向北面的指针定为S极不是更方便吗？但其实人们在发现并研究地磁场以前，就已经把指南针指向北面的定为N极，指向南边的定为S极了。

当时，人们认为磁铁指向北面的原因是"北极星的吸引力"或"制造磁铁的小岛位于北方"，因此命名了N极和S极。

从磁感线可以看出

将铁矿砂铺在一张白纸上，白纸下面放一块条形磁铁，用手轻轻弹白纸后，纸上的铁矿砂会勾勒出连接N极和S极的磁感线（下页图a）。那么如果地球本身也是个巨大磁铁的话，在地球周围也应该有同样的磁感线。

◆条形磁铁的磁感线

图a

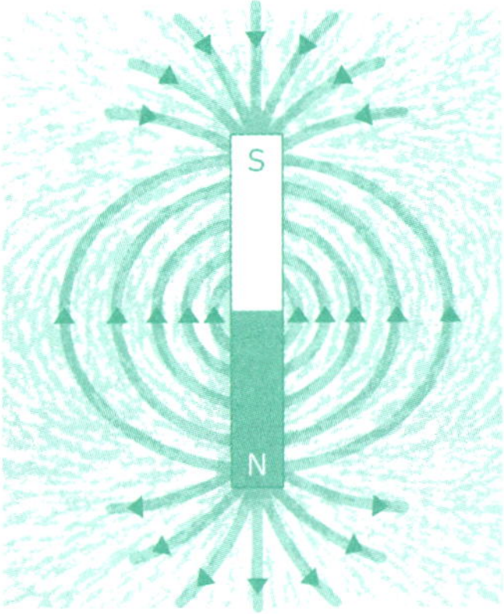

◆通过磁倾角和磁偏角得出的磁感线

图b

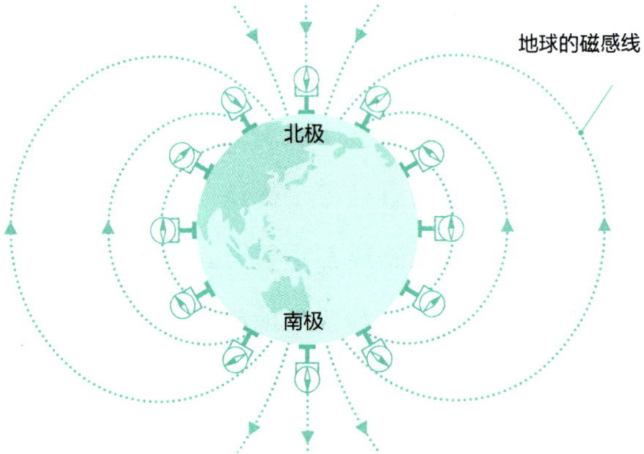

地球的磁感线

北极

南极

◆知道了地球内部有较短的磁铁

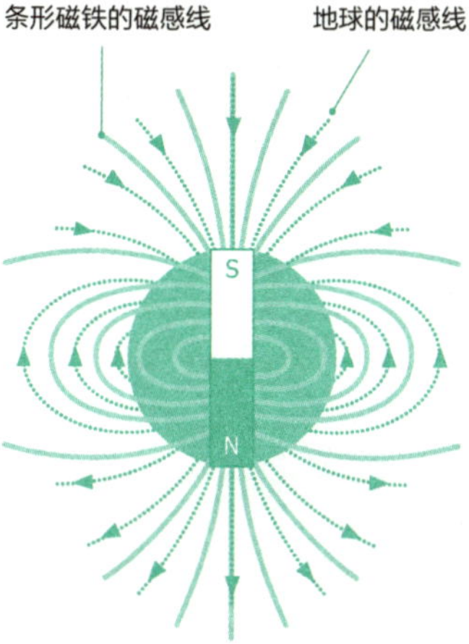

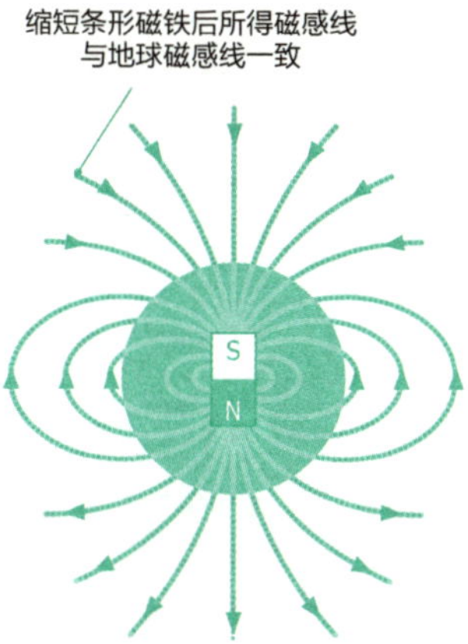

条形磁铁的磁感线　　　地球的磁感线　　　缩短条形磁铁后所得磁感线
与地球磁感线一致

指南针的方向是沿着磁感线的，因此只要知道磁倾角和磁偏角，就能绘制出磁感线。磁倾角越接近北极，越向下，也就是向地面的方向偏。因此我们得出如图b所示的磁感线。

那么把上页图a和图b重叠起来看一下（见上页图）。我们使地球的直径等于磁铁的长度，但可以看出从两极至中纬度的磁感线都不重合。然后，我们稍微缩短一下磁铁的长度，使其变为地核的直径，就会发现二者的磁感线重合了。由此人们得出了一个结论，地磁来源于地核。

地球是巨大的电磁铁

过去人们认为地核中存在着永磁铁。虽然地核由铁组成，成为永磁铁也是合理的想法，但后来人们逐渐认识到了错误。

当超过一定温度后，永磁铁就会失去磁性。这个温度被称为"居里点"，铁制磁铁的居里点是770℃。而地核的温度超过3000℃，是居里点的好几倍，因此磁性不可能被保留。

也就是说，地球内部不可能存在永磁铁。于是有人提出了新的想法：地球发电机理论。这个理论认为，地核会自动发电，其产生的电流使地球变成了电磁铁。

一般来说，在铁芯外部缠绕导电绕组，当有电流通过线圈时会产生磁性，从而形成电磁铁。由铁组成的地核的外部（外核）为液态，地核内部（内核）为固态。当导体铁带有磁性并形成对流时会产生电流。电流会流过内核周围，形成电磁铁。

电磁铁遇到高温也不会失去磁性。而地核内的对流发生变化时，磁极会随之移动或逆转。由于这个假说可以解释此现象，现在被人们认为是最有力的学说。

◆电磁铁的原理和地球发动机理论

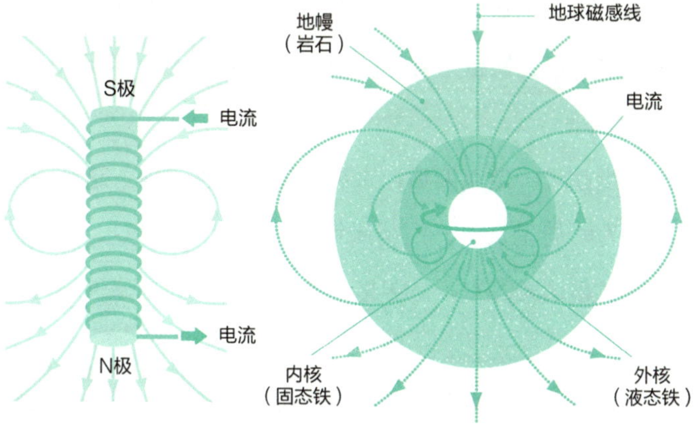

地球以外的行星也有磁场？

据NASA（美国宇航局）发射的宇宙勘探器显示，太阳系内除地球外，带有磁场的天体还有水星、木星、土星、天王星和海王星。虽然月球、火星和金星不带磁场，但在月球和火星表面都发现了永磁岩石。人们认为这是过去通过发电机原理产生的磁场。

各个行星上的磁场受到了怎样的影响呢？

我们来看看木星的情况。如果我们用置于行星中心处的磁铁来表示地球和木星的磁场强度，那么木星上磁铁的强度是地球上磁铁强度的2万倍。如此强大的磁力会吸引太阳风（带电粒子），在木星上形成大规模的极光。用围绕地球的哈勃望远镜可以观测到此现象。

人们推测木星的中心有一个重量（质量）为地球10—15倍、由岩石和冰构成的核，其周围包裹着金属氢。并且人们认为金属氢为液态，在不断循环，从而引发了"发电机原理"。

地球的磁极正在逆转？

日本人的大发现

常识告诉我们指南针的N极指向北，S极指向南。可有一个日本人却主张磁极会逆转。他就是地球物理学家松山基范。

1926年，松山在调查兵库县玄武洞中火成岩留下的热剩余磁场时，发现其磁场方向和一般的磁场方向相反。如果这不是错误的话，就代表曾经有过磁场方向发生逆转的时期。

其实，在松山发现的20多年前，就曾有法国的地质学家布容发现了相似的岩石。但是布容在弄清原因前并没给出推断。

而松山想要查明热剩余磁场发生逆转的原因。他在海内外调查了共计36处火成岩，分析可能性，最终得出的结论只有一个，那就是过去磁极发生了逆转。

于是他在1929年，提出了前无古人的地磁场逆转说。但松山的假说当时没能获得关注。这是因为当时调查古代磁场的技术还不成熟，并且以古代磁场为研究对象的研究者也很少，没有人可以确认松山假说的真实性。

进入20世纪50年代后，古地磁学得以发展，证明地磁场曾经发生过逆转的证据不断出现，松山的功绩终于得到了广泛的认可。松山于1958年去世，后人为纪念他和布容的贡献，在1964年公布的地磁场年表中使用了松山和布容的名字来命名时期。

从现在起至78万年前为布容正极性期，78万年—258万年前为松山逆极性期。

地磁逆转的历史

根据近年来的调查，人们发现地磁场逆转的历史可以追溯到数亿年前。并且，至今为止，地球已经发生过多次逆转。人们把像现在这样，北极为N极、南极为S极的时期称为正极性期，反之为逆极性期。这两种时期出现的频率几乎相同，因此无法断定究竟哪个时期正常，哪个时期异常。目前人们无法断定近360万年里发生的11次逆转的具体年代，且发现其出现时间并没有规则可寻，因此无法推测下次逆转何时发生。

逆转的原理随着时间的推移逐渐明朗。完成一次逆转需要数百至数千年。但也有研究者认为时期更短一些。

◆ 地磁逆转机制

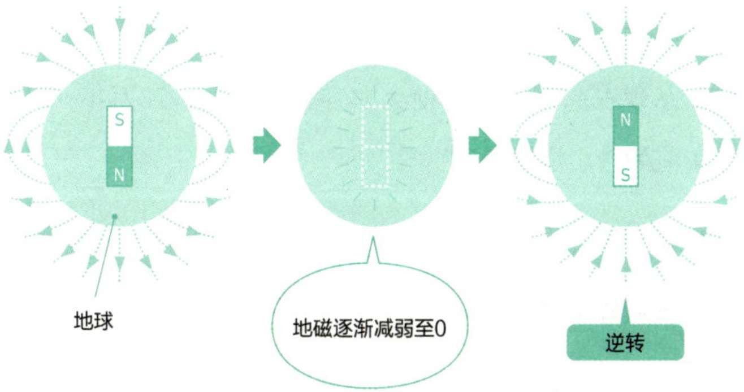

地球

地磁逐渐减弱至0

逆转

不管怎样，对有着46亿年历史的地球来说，磁极逆转的时间只不过是沧海一粟。

而磁极逆转的机制，并不是磁极轴发生180度旋转，而是整体磁场逐渐减弱至0，再反向逐渐增强。

值得一提的是，近两百年间的地磁正在逐渐减弱。这种状态持续的话，再过1000年，地球的磁场就会减弱至0。也许现在就正处于地磁逆转时期。

地磁逆转的影响

地磁场可以作为屏障，阻挡太阳常年释放的带电粒子流（太阳风）进入地球。简单来说，太阳风就是射线，是对生物体有害的物质。也就是说，在地磁逆转的过程中，磁场会逐渐减弱至0，此时会对地球地表生物的生命产生极大的威胁。

但在之前发生的几次地磁逆转时期中，并没有生物大量灭绝的踪迹。人们认为，有可能是包裹地球的大气层充当了第二层屏障，阻挡了太阳风。

在极圈内可以欣赏到的美丽的极光，正是突破地球磁场屏障的太阳风，与南极、北极的大气层相互摩擦而产生的发光现象。

或者我们可以认为，由于当前正处于磁极逆转时期，磁场变弱，才导致太阳风经常能进入到大气层，才发生大气层上空变暖、空中出现类似极光的闪光现象。

Part 1 生机勃勃的地球故事

地磁要是消失了，
可怎么办呢？

为什么会发生大规模灭绝

多次灭绝

大家都知道，6600万年前，地球最强生物——恐龙灭绝。但鲜为人知的是，类似的大规模灭绝在地球上曾发生过多次。

在物种灭绝中，由于自然淘汰而灭绝的叫作"背景灭绝"。

而在某个时间点多个物种同时灭绝，叫作"集群灭绝"。人们认为集群灭绝并不是源于自然淘汰，而是地球环境的异变造成的。

过去曾经发生过多次集群灭绝意味着什么呢？

地球绝不是一个可以保障安全的地方。即使是生活在现代的我们，也有可能遭遇诱发集群灭绝的危机。因此，了解过去的集群灭绝对人类在地球上的生存至关重要。

恐龙等物种的集群灭绝

像古生代寒武纪、中生代侏罗纪这种名词表示的年代叫作"地质年代"。地质年代是由地层中所含化石（可以用来推测所处地层的地质年代的化石称为"指准化石"）的种类而决定的。

比如，在某个时期的地层中含有的大量指准化石，在其下一个时期的地层中却完全不存在。这就可以说明，那些成为指准化石的生物在繁衍生息后发生了灭绝。

通过这种方式，虽然会有一些误差，但是可以得到发生过集群灭绝的地质年代的数量。其中，发生大规模集群灭绝的时期共有五个，称为"五次生物大灭绝"。

五次生物大灭绝中，离我们最近的一次是在大约6600万年前的中生代白垩纪末期。侏罗纪到白垩纪，包括陆地霸主恐龙在内，75%—80%的物种灭绝。

恐龙灭绝是最著名的一次集群灭绝，其发生的时间介于白垩纪（英语是Cretaceous，德语是Kreide）和其后的早第三纪（后来改称为第三纪，Tertiary）之间，被称为

"K–T界线"。

虽然存在各种各样关于灭绝原因的学说，但没有一个是决定性的。后来，美国地质学家沃尔特·阿尔瓦雷茨在意大利找到了K–T界线时期的黏土层。

于是沃尔特和获得过诺贝尔物理学奖的父亲路易斯·阿尔瓦雷茨一起分析微量元素，发现了在一般的黏土层中不可能存在的大量铱元素（铱元素在地球表面极为少见，通常存在于地球深处或陨石上）。

◆集群灭绝的发生时期

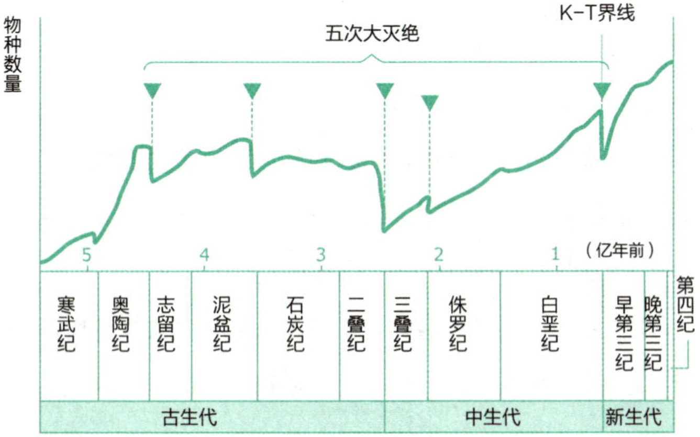

随后，1980年，"陨石冲撞学说"得以发表。

由于发表时没能展示陨石冲撞的证据，当时这一学说并没有被学术界接受。但后来，证明该学说的证据不断出现，现在终于成为定论。

陨石撞击后发生了什么

6600万年前，从宇宙飞来了一颗直径约为10千米的巨大陨石。陨石的直径就相当于线路为椭圆形的山手线[1]的长轴长度。

如此巨大的陨石，以20千米/秒的速度突破大气层并冲向尤卡坦半岛附近的海域，其表面温度至少有1万度。

接近陨石的海水会瞬间蒸发或是飞溅，随后海底暴露。而海底的岩石也因高温而蒸发、熔融、飞溅，使海底凹陷为碗状。陨石击中底部熔岩，形成一个深40千米、直径70千米的火山口。此时被激发出的物质，甚至可以飞到

---

[1] 山手线：东京的环状通勤铁路路线之一。山手线从东京都港区的品川站驶起，经过涉谷、新宿、代代木、东京、池袋等大站。路线全长34.5千米。（译者注）

宇宙里。

而陆地则会发生相当于11倍东日本大地震[1]级别的剧烈地震，冲击波和火风暴像水波一样自撞击点向外扩散。火山口的脆壁由于撞击坍塌并向外扩展，变化为直径为100千米以上的同心圆结构。

此外，由于火风暴的存在，飞在空中的熔岩开始下落，将地上的动植物烧毁殆尽。

大海由于冲撞发生强烈海啸。第一波海啸以后，海水落回到海底，随着巨大的冲击，周边的海岸线也大规模地后退。

此后，回到火山口内部的海水势如破竹，形成压缩波，以巨浪的形式向四周扩散，袭击全世界的海岸。而巨浪的高度在墨西哥湾沿岸达到了300米。

此次冲撞所释放的能量相当于10亿倍广岛原子弹爆炸。冲撞地周边的生命受到了灼热、风暴、海啸等致命的打击。

---

[1] 2011年3月11日在日本东北部以东海域发生的大地震，震级高达里氏9.0级，是世界地震观测史上最高震级。（编者注）

陨石撞击不仅带来了直接影响，它的间接影响给地球带来了重大的次生灾害。由于撞击和森林大火而扬起的灰尘，照射大地的太阳光线减少到原来的100万分之一。连续数月的遮天蔽日不仅阻碍了植物的光合作用，而且使气温逐渐降低，给除深海生物以外的所有生物带来了致命的影响。

在空中飘浮的灰尘中，较大的颗粒经过数月后沉降到陆地，但细小的颗粒依旧堆积在大气层遮蔽阳光，10年间使地球逐步变冷。

这种现象也被称作"撞击冬季"。即使有些生物幸免于撞击造成的直接伤害，也由于无法适应其后引起的地球环境的变化而灭绝。

现在正在发生的危机是什么

人们不得不开始担心下一次的撞击时间。

我们的技术可以观测到与地球轨道相交的天体，并且已经确认不会与它们发生正面撞击。可人们没有发现的天体还有很多，因此很难做出准确的预测。

当前，ＮＡＳＡ有一个"地球附近小行星追踪项目"，每时每刻都在监视可能撞击地球的天体。可即使发现了那样的天体，目前人们并没有任何具体的办法去躲避撞击。

历史上除K-T界线以外，还有许多集群灭绝。但其中大部分灭绝的原因，我们都不得而知。

灭绝的原因除"巨大陨石撞击"外，还有人提出"大规模火山爆发"、"大陆分布变化"、"太阳系附近的超新星爆炸"等各种学说。如果我们把集群灭绝当作一个待侦破的"事件"，那么我们就必须彻底调查一系列事件的真相即灭绝的过程。这也能帮助我们为下一次的事件未雨绸缪。

此外，研究者们发现了一些骇人的数据。许多生物学家认为，我们人类的存在和活动对地球环境以及地球上其他生物造成了巨大的直接或间接的影响，并因此导致了正在进行的集群灭绝。

世界自然保护联盟红皮书上记录的处于濒危状态的物种仅仅是冰山一角，还有相当数量的没被发现的灭绝物种。目前物种的灭绝速度已经大大超过自然淘汰造成的灭绝速度，有一种说法显示，今后30年内将会有20%，100年内将会有50%的物种灭绝。

在担心自然异变导致的集群灭绝之前，我们更应该重新审视我们人类的生活与大自然的关系。

雪球地球假说的冲击

冰封两极到赤道的终极冰河世纪

你有没有听说过"雪球地球"假说呢？

雪球地球又称为"全球冻结"，指的是大部分的地球表面都被厚厚的冰覆盖。1992年，来自美国的约瑟夫·柯世韦因克首次提出了这个假说。随后，同是来自美国的保罗·霍夫曼于1998年发现了证据，使该假说得到关注。

假说提到，地球曾经发生过三次全球冻结。分别是约23亿年前的休伦冰期、约7亿年前的斯图特冰期和约6亿5000万年前的马里诺冰期。

全球冻结的形成过程

目前我们还不知道是什么原因最终导致了全球冻结。

◆全球冻结的过程

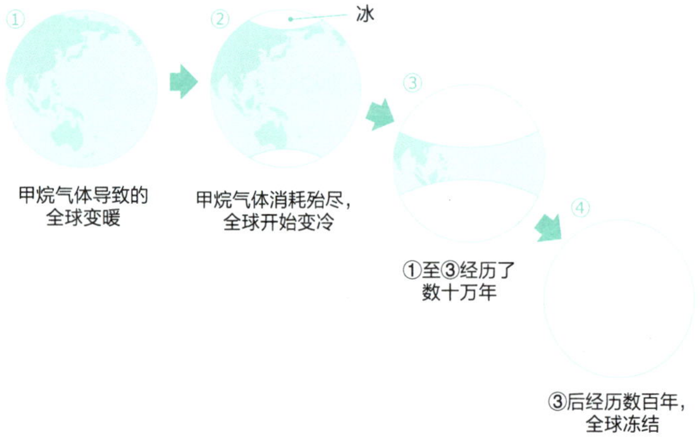

冰

① 甲烷气体导致的全球变暖

② 甲烷气体消耗殆尽，全球开始变冷

③

④

①至③经历了数十万年

③后经历数百年，全球冻结

但如今主流的说法是甲烷水合物产生的影响。海底堆积的浮游生物尸体分解时会释放甲烷气体，甲烷气体在海底冻结成了甲烷水合物。

甲烷气体的温室效应是二氧化碳的20倍。甲烷气体从海水中释放到大气以后，就会快速引发全球变暖。

由于快速的全球变暖，水循环加快，陆地的风化与侵蚀作用加剧，海水失去大量离子，继而导致二氧化碳以碳酸盐的形式被固定在海底，致使大气中二氧化碳浓度下降。

当有一天甲烷水合物耗光，释放出的甲烷气体也全部分解完，大气中的二氧化碳和甲烷的浓度会急剧下降，导致地球瞬间变冷。10万年间，覆盖大地的冰从极地蔓延到了纬度30°附近，面积不断增大的冰将绝大部分太阳能反射回去，随后仅用数百年就会形成雪球地球。

地球的解冻过程

地球处于雪球地球状态时的平均气温为-40℃（赤道附近为-35℃，两极附近为-50℃）。在如此严寒的环境中，地球中仍然存在没有被冻结的液态水，它们分布在海冰之下和火山带周边。

人们猜想在这些可以被称为"绿洲"的地方，是否有一些生物可以勉强维系生命。事实上，虽然存在一些活着的生物，但在休伦冰期只有病毒和细菌，在斯图特冰期和马里诺冰期只有一些单细胞生物得以存活。

那么地球是如何从雪球地球的危机中解脱出来的呢？

二氧化碳，竟然作为火山气体被释放出来。

在正常状态下，陆地上的岩石被风化侵蚀，离子通过河川流向大海，与海水中的二氧化碳作用变成石灰石，固定在海底。地球通过这个过程调整大气中二氧化碳的浓度，防止其在大气中过量存在。

但在冰河时期，由于厚厚的冰面阻断了风化、侵蚀作用，固定二氧化碳的过程随之停止，导致大气中二氧化碳的浓度逐渐上升。当二氧化碳浓度上升至现在的400倍（12%）时，在强力的温室效应下，冰层开始融化。

自此，地球温度扭转，进入平均50—60℃（赤道附近70℃，两极附近30℃）的极端温暖期。随后经过数十万至数百万年，大气中的二氧化碳逐渐被消耗，进入并维持了如今的温暖期。

灾难带来了什么

雪球地球事件给地球上的生物带来了重要的影响。23亿年前的休伦冰河时期以前，地球上主要的生物是不进行氧气呼吸的"原核细胞"。经过雪球地球后，进行氧气呼吸的"真核细胞"得以出现。

此外，6亿5000万年前的马里诺冰期多是单细胞生物，雪球地球后，出现了各种各样大型的多细胞生物。

也就是说，雪球地球促进了生物进化。其中一个原因是种群瓶颈效应。全球冻结后，生物们受到了致命的打击，数量锐减。或者说，发生了集群灭绝。

于是，原处于稳定状态的生态系统有了新的空间，为带有新遗传信息的生物提供了繁衍生息的机会。生物个体数量锐减后再重新增长的过程类似瓶颈，因此被称为种群瓶颈效应。

另一个原因是营养能量的大量供给。全球冻结时，冻住的海底会发生海底火山活动，火山活动产生的能提供生物能量的营养物质会在大海中堆积。当地球脱离全球冻结状态后，气候温暖，二氧化碳浓度较高，营养物质丰富，为光养生物提供了极其适宜的生存环境。光养生物会迅猛地进行光合作用，使大气中氧气含量急速上升，达到现在的12—22倍之多。得益于高浓度的氧气，生物们完成了多样的进化。

若当初没有全球冻结，也许至今为止地球上的生物只有细菌。雪球地球事件对生物来说，正可谓"否极泰来"。

Part 2

有趣的气象学故事

hPa

拔掉浴缸塞子，水的旋涡向哪边转

赤道正下方的"科里奥利力实验展"

旋涡是指，水和空气等液体或气体，绕某点像陀螺一样旋转的现象。

拔掉浴缸的塞子后，不同流速的水流相撞后，水在接触面开始回旋，在下水口就会形成旋涡。

位于赤道的某个城市开展了一项叫作"科里奥利力实验展"的奇妙活动。

当地的解说员解释道："我们所处的地方正好位于赤道上。这边是北半球，那边是南半球。由于科里奥利力的作用，旋涡方向在南北半球是相反的。但是，科里奥利力必须在距离赤道20米以上才能发挥作用。"

◆科里奥利力实验

小孔

解说员准备了火柴和一个底部开有小孔的容器。首先他用手指按住小孔，并向容器内注水。随后移开手指，将火柴放入水面。随后，火柴随着旋涡开始旋转。火柴在北半球时逆时针旋转，南半球时顺时针旋转。"这正是科里奥利力的证明！"

他的目的是向观众销售"赤道证书"，那么这个实验展究竟是否真实呢？所谓的科里奥利力究竟是什么？

低压气旋的形成

在天气预报中，我们经常能听到低气压、高气压这样的词。在气象图中表示为"高"和"低"。低气压指的是中心比周围气压低的地方。反之，高气压指的是中心比周围气压高的地方。

将气压相同的地方连接起来形成的线叫作等压线。等压线的分布状态可以表示气压的高低状况。通常每隔4百帕画一条等压线，每隔20百帕画一条较粗的等压线。等压线的间隔越小，气压差值越大，风力就越强。

低气压时，越向中心移动气压越低。风会从气压相对较高处吹向较低处。如果没有其他影响，风向与等压线垂直。

但实际上，以北半球的低气压为例，本应自北朝南吹的风却吹向西南方向。因此，吹向北半球低压的风会形成逆时针的旋涡。而在南半球，本应自北向南吹的风吹向东南，就形成了顺时针的旋涡。

台风，实际上就是大型的低气压。从卫星云图的照片可以清晰地看到其在北半球逆时针旋转形成的旋涡。

而导致吹向低气压的风逆时针旋转的，正是由于地球自转而产生的科里奥利力。

◆科里奥利力与风向

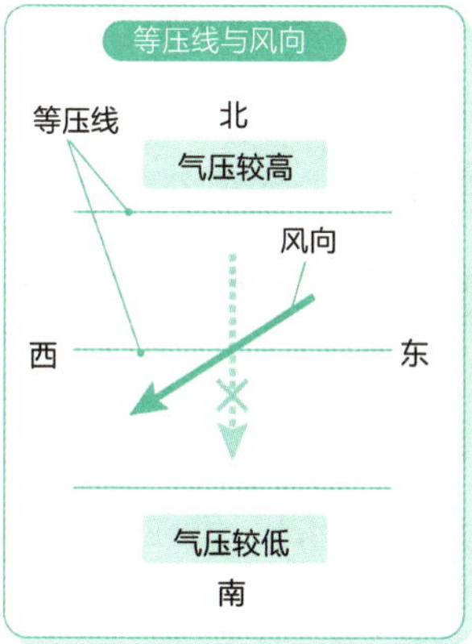

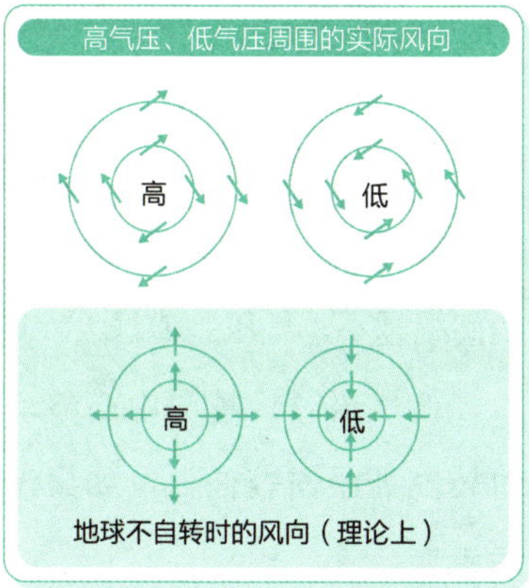

地球自转周期为24小时。赤道周长为4万千米，因此赤道上的人们以约1700千米（40000÷24）的时速运动着。

而东京随自转运动一周的距离约为3.3万千米，算下来时速就是1400千米左右。但实际上，因为大气也在一同运动，因此地球上的人们不会感觉到旋转速度的存在。

东京运动的时速比赤道慢了近300千米。同理，在北半球，越靠近北极（在南半球，越靠近南极），自转产生的速度就越慢。

由于自转对物体产生的力的作用叫作"科里奥利力"（此现象由法国著名数学家兼物理学家古斯塔夫·科里奥利发现，因而得名）。正是由于地面的旋转速度不同，风向才会发生偏移。

在赤道附近，阳光强度大，气温高，导致暖空气上升，气压降低。因此，风由温带吹向赤道。但由于地转偏向力的作用，在北半球向南吹向赤道的风会向西倾斜。这就是常听到的信风（也称贸易风）。

信风和海流息息相关。也就是说，科里奥利力不仅影响了风，还同时影响了海流。

揭秘"科里奥利力实验展"

在南北半球，好像科里奥利力真的能导致风向和水流的旋转方向发生逆转。首先，我们来看看前文提到的在赤道上进行的"科里奥利力实验展"的真假。

现在的问题是科里奥利力在赤道上下20米的地方的影

响程度。

科里奥利力在南极和北极处最大，赤道处为0。此外，物体运动时间或者运动距离越长，受到科里奥利力的影响越大。

在"科里奥利力实验展"上用的盛水容器过小，水流速度过快，科里奥利力很难对其产生影响。此外，由于地点距离赤道仅20米，科里奥利力接近于0。实验时，首先将水快速地注入容器中使其发生旋转，随后再缓慢加满水，使得看似平静的水面下形成旋涡。此时实验员再把手指移开，装作是科里奥利力导致了旋涡。因此，所谓的"科里奥利力实验展"只是一个"魔术"罢了。

那么在日本的纬度上，在比"科里奥利力实验展"的容器大好几倍的浴缸中形成的旋涡是怎么回事呢？

实际操作的话，逆时针和顺时针旋转的现象都会出现。

假设下水口位于浴缸正中，小孔周围其他条件恒定，在水面静止时拔掉塞子，那么水也许会受到自转的影响而发生轻微的逆时针旋转。但尽管如此，科里奥利力对拔掉塞子这种动作产生的影响仍是微乎其微的。

实际上浴缸的下水口并不位于中间，而是位于浴缸的一角。并且下水口处略微凹陷，其余位置稍高，形成一个略微倾斜的斜面。虽然科里奥利力对水流不造成影响，但浴缸自身的设计会大大影响水流，并决定水流回旋的方向。

有趣得让人睡不着的地理
Geography

日本附近的台风都是向左回旋的呢!

为什么台风多发于8月、9月

台风诞生的地方

日本经常受到台风的困扰，而这些台风的故乡正是位于赤道附近的太平洋西部的热带海洋。这一带由于高强度的太阳照射，水汽大量蒸发至空气中。吸收了温暖海面的水蒸气的大气会产生上升气流。随后上升气流产生了热带低气压。

热带低气压就是在热带地区发生的低气压。

热带低气压的上升气流之中，水蒸气遇冷变为云，同时释放出大量能量。这是因为液态水遇热，吸收能量，变为水蒸气，水蒸气遇冷变回液态水时，会释放能量。

而释放出来的热量会促进更多的气流上升，产生更多的云，释放更多的热量。这个循环过程会导致中心气压越来越低，最终形成巨大的热带低气压。

◆水的变化与热量

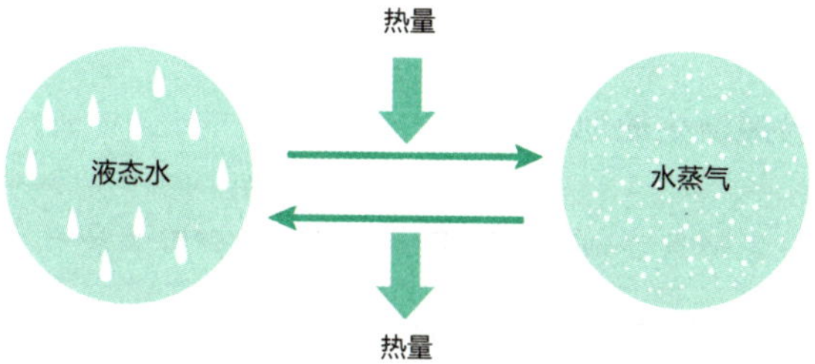

热量

液态水　　　　　　　　水蒸气

热量

当热带低气压的中心风速超过每秒17.2米时，就成为台风。一年中会有30—40次台风通过这个过程诞生。

在日本所属的北半球，由于受到自转产生的科里奥利力的影响，台风以逆时针方向回旋。当海上的台风登陆后，由于失去了其能量来源——水蒸气，势力会逐渐减弱。

乘信风、太平洋高气压、西风前进的台风

刚诞生的台风会随着低纬度地区的信风向西移动。曾经的哥伦布，也是靠着信风扬帆西行，抵达了大西洋。

台风一路向西，抵达冲绳诸岛的东面时，受到此处太平洋高气压产生的气流影响，转而北上。北上的台风又受到日本附近的西风（见下页）影响，时而接近日本，时而登陆。

从6月开始至夏天结束，西风逐渐减弱，而太平洋高气压的势力不断增强，一直扩大到中国大陆地区。因此，随着太平洋高气压西缘前进的台风大多会进入中国。

当酷暑结束，太平洋高气压势力减弱，西风随之增强。台风的路径转而向北移动，因此8月、9月时，日本多受台风侵袭。

12月时，台风的路径再次改变，转向日本南部海域继续前进。并不是只有日本南部海域会发生类似台风的暴风雨。在北大西洋南部发生的暴风雨叫作"飓风"，印度洋的暴风雨和袭击澳大利亚东部的叫作"气旋风暴"。这些都属于热带气旋。

◆台风的路径

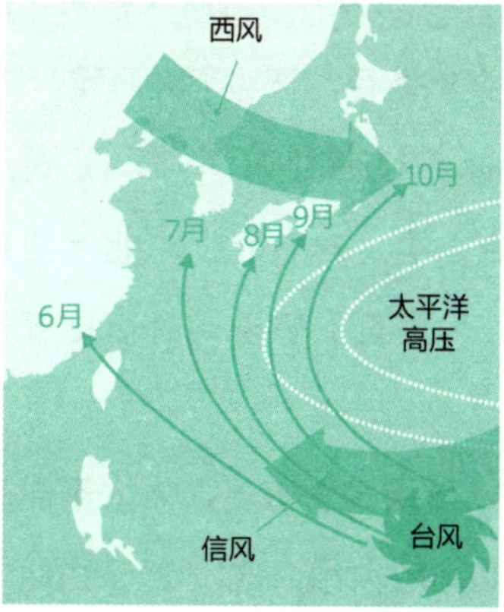

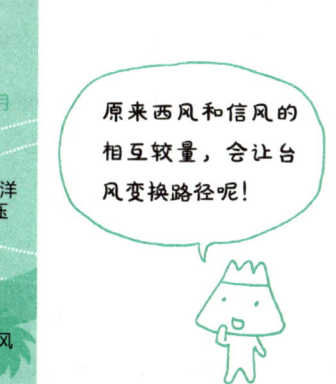

原来西风和信风的相互较量，会让台风变换路径呢！

在此要特别说明的是，"台风"作为提醒船只的气象通报用语时，指的是风速超过33米/秒的风，与我们刚才讨论的台风定义不同。

一定要注意台风前进方向的右侧

我们之前提到过，向日本前进的台风气旋是逆时针旋转的。因此，推台风前进的风和卷向风眼的风会在前进方向右侧会合，那里风力十分强劲。因此台风前进方向的右侧又被称为"危险半圆"。

相反，推台风前进的风和卷向风眼的风在其前进方向左侧会相互抵消，使风力减弱。当不幸遇上台风时，这个知识可以帮你判断躲在哪里会相对安全。

看台风预警的正确方法

台风季，我们可以在天气预报上看到"概率预报圈"（将预计成为台风中心的范围用虚线画出而形成的圆）。圆圈的面积会随着台风的行进而变大，因此看这个圆形的变化就如同见证了台风的"成长"。

但其实，这是人们的误解。概率预报圈代表的不是台风的规模，而是标示了台风中心在各个日期和时间出现概率为70%的范围。此外，"暴风警戒区域"是指台风进入预报圈区域时，可能进入暴风区域（风速超过25m/s）的范围。

这些都只是概率，因此随时间的推移，不确定因素更多，就导致了圆形的面积和暴风区域更大。简单地说，概率预报圈和暴风警戒区域之所以越来越大，并不是说明"台风的势力越来越大"，而是说明"台风走势不明"。

我们可以从概率预报圈和暴风警报区域的间隔读出台风的强弱变化。该间隔代表了暴风区域的半径。

当两个区域的间隔变大，就代表"暴风区域变大"="台风势力变强"。相反，间隔变小时，就代表暴风区域变小，台风势力减弱。

晚霞漂亮代表第二天是晴天?

什么是西风

地球上有三种与季节无关、常年在地表或上空吹的风。

第一种,就是吹向赤道附近(低纬度地区)的信风。另一种,是吹向极地(高纬度地区)的极地东风。最后一种就是在中纬度地区吹的西风。

其中,西风是指从西边吹来的风,其他两种风则是由东吹来的风。日本的大部分国土都位于中纬度地区(30—60度),因此处于西风的范围内。

赤道附近的暖空气与极地附近冷空气的温差造就了西风。赤道附近的暖空气上升后会流向两极,而此时地球自转产生的科里奥利力会将南北向气流变为自西向东的气流。

◆大气的大循环

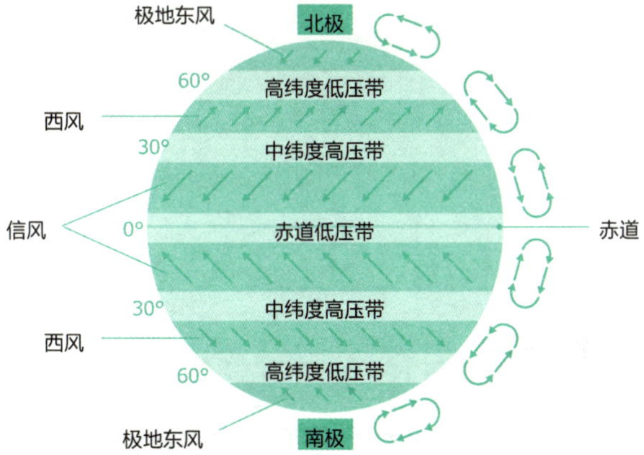

极地东风 ┄ 北极

60° 高纬度低压带

西风 ┄ 30° 中纬度高压带

信风 ┄ 0° 赤道低压带 ┄ 赤道

西风 ┄ 30° 中纬度高压带

60° 高纬度低压带

极地东风 ┄ 南极

这三种风是属于全球规模的风系，因此几乎不受天气影响。

日本在西风的风带内，因此天气总是自西向东发生变化。大家回想一下，是不是经常在天气预报中听到"从西边开始温度逐渐降低"或者"从西边开始温度逐渐回升"？

高气压带或低气压带的移动速度为一天1000千米。举个例子，如果你想知道明天东京的天气，你就查查距东京1000千米的福冈今天的天气。

102

如果你持续观看卫星云图就会发现，即使高气压带、低气压带的形状会发生变化，但总是自西向东移动的。

在飞机上可以体验到西风

西风在冬天时变强，夏天时变弱。在对流层的上层8—16千米附近可以看到西风。随着高度上升，西风风速逐渐增强，在对流层与平流层交界处达到最强。

此处的风被称为"喷射气流"，风速可超过100米/秒。

当我们乘坐飞机时，可以真切地体验到西风的存在。空气的阻力十分影响飞机飞行，因此飞机通常会在空气较稀薄的地方航行。但有时，也会遇到类似西风的风力影响飞行。那么顺风和逆风时飞机会受到什么不同的影响呢？

假设一架飞机从成田机场起飞，横跨太平洋，飞往纽约，那么它正好是与向东吹的西风同向，为顺风飞行，飞行时间约为12小时15分。但当这架飞机从纽约返回到成田机场时，由于逆风，飞行时间变成了14小时。

也就是说，距离相同，但往返的时间却相差了105分钟。当然，飞机的航行路线会根据当天的实际情况有所调整，但西风的强度和出现地点也是不断变化的，因此飞机多少都会受到西风的影响。

即使是日本国内航线，比如当你在往返羽田—福冈时，也会发现向东飞行的飞机较快。

晚霞的形成过程

日语里有一个成语叫作"观天望气"，指的就是通过自然现象和生物行动来预测天气情况。

◆晚霞的形成过程

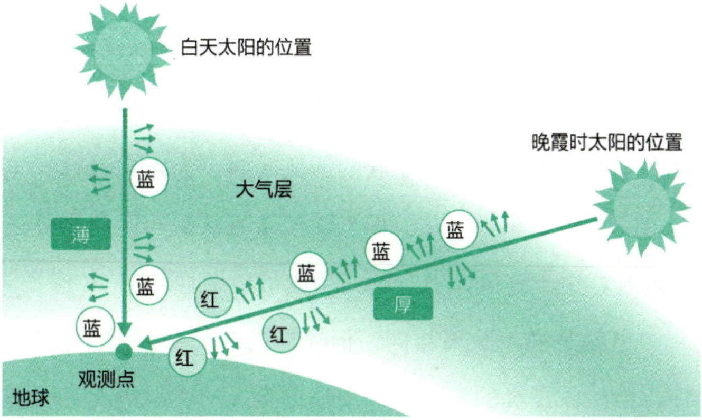

相信大家都听过"晚霞行千里",如果在傍晚时分，西方天气晴朗并出现晚霞，那意味着第二天晴天的可能性很高。

那么晚霞是如何形成的呢？

白天时，阳光需要穿透大约500千米厚的大气层才能抵达地球表面。而傍晚的阳光，则需要穿透比白天厚数倍的大气层才能抵达地球表面。

阳光中，接近蓝色的光被空气中的分子和尘埃打散而暗淡，而不易被打散的红光以及接近红色的光因此更加明显，将整个天空染成红色。这就是晚霞的形成过程。

当美丽的晚霞出现时，代表西侧的阳光成功穿过了包裹大量尘埃的大气层，照射到了人们的眼中。这就意味着那个地方的西侧上空，处于万里无云的晴朗状态。又因为天气是自西向东变化的，因此有了"晚霞行千里"的说法。

值得一提的是，真的有人去调查这个说法的准确性，其结果显示，4月到11月中旬，70%都是准的。

但由于处于夏季和冬季的大陆与海洋位于较强的高气压带，准确率有所下降。尤其是冬季，准确率几乎为0。

秋天的天气多变

有一句日本谚语说"女人心如秋空",意思是女人的心情像秋天的天气一样多变。

在日本秋天,几乎不可能遇到连续七天都是晴天的情况。一两天晴朗后就会下雨,然后又变晴,如此反复。夏天时,大部分都是晴天,偶尔会下雨。而冬天时,太平洋一侧是干燥的晴天,日本海一侧则多雪,每天的天气情况不尽相同。

那么为什么秋天的天气那么多变呢?

这是因为低气压带的路径方向会随着季节变化,时而北上时而南下。夏天时,日本列岛正好完全被太平洋高气压带覆盖,低气压带无法过来,只能向西伯利亚或鄂霍次克海前进。

而到了秋天,太平洋高气压带减弱,低气压带则有了机会沿日本列岛方向南下。当低气压带经过日本列岛上空时就会下雨,而移动性高气压带通过时就会放晴。

春天的天气同样多变,其原理与秋天相同,都是由于低气压带和高气压带的交替通过造成的。

在春秋两季,你是不是也经历过本来计划好的周末却因下雨而落空的无奈呢？其实，因为低气压带每隔三四天会通过一次，如果遇到一个周日下雨，那么接下来的两三周的周日就都会赶上雨天。

与之相同的还有温度变化的周期。低气压带到来前，会吹南风导致温度上升，随后吹来北风导致温度下降。

这个时期总是忽冷忽热，是感冒的多发期，也不好选择穿什么衣服。当感觉到寒风凛冽准备换上冬衣时，紧接着一定会出现暖洋洋的晴天。秋天会在这样反复的冷暖交替中结束，带我们进入真正的冬天。

Geography

有趣得让人睡不着的地理

太阳的位置不同，我看见的光的颜色也不一样，好神奇啊！

喷射气流搬运的秘密武器

日本军队的秘密兵器

"二战"时，日本军队为了扭转战局，采用了"气球炸弹"战术。为了能攻击到美国本土，日军将炸弹装在气球上制作出兵器。通过喷射气流（西风）的帮助，气球经过数日即可飞到美国本土并发生爆炸。"气球炸弹"对于日军来说，是一种能给美国带来恐慌的秘密兵器。

自1944年秋天至1945年春天，日军共放出了约9000个气球炸弹。其中，有几百个成功地抵达了美国本土。

当时的人们就已经知道，在秋冬两季时日本上空会吹起强烈的西风。在筑波市有一个高层气象台，当时的气象台台长大石和三郎接到军队命令后，开始不眠不休地研究上空的气流。

◆当时观测到的冬季太平洋上空的西风（喷射气流）

研究的成果是：在冬季，时速超过200千米的西风沿如图所示的两种路线，自日本上空吹向北美大陆上空。

由此，日军制定了利用西风，放送气球炸弹攻击美国本土的"飘炸计划"。

气球炸弹释放遗址的碑文

在茨城县北茨城市大津町五浦海岸，至今矗立着气球炸弹释放遗址的纪念碑。

碑文详细介绍了气球炸弹究竟是怎样的一种兵器。

（实际碑文没有标点和注音）。

◆气球炸弹介绍图

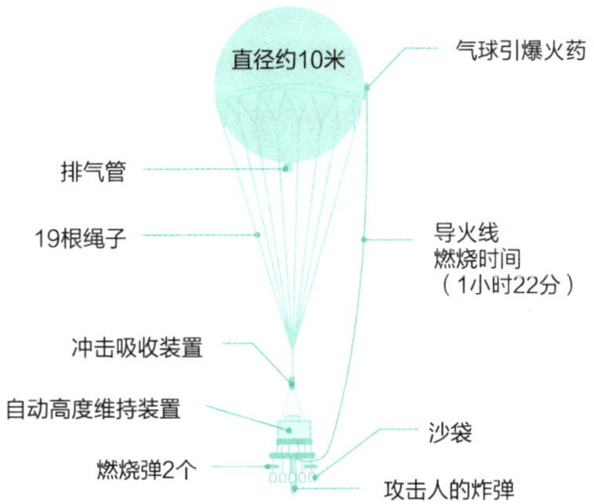

昭和十九年十一月至昭和二十年四月，用于攻击美国本土的气球炸弹于此地释放。

如今位于身后两座低山之间的稻田，曾经是安置气球放置架、营房、仓库和氢气罐的地点。

这是一项机密的"飘炸计划"。气球释放地点有福岛县勿来关麓、千叶县的一之宫海岸和此地共计三处。此地为大本营直属部队总队，是作战中心。

晚秋至冬季，太平洋上空8000米至12000米处的平流层会吹起最大风速为70米/秒的西风，即喷射气流。

气球炸弹历经约50小时可抵达美国。精密的电动装置会投下炸弹和燃烧弹，随后以和纸和蒟蒻糨糊制成的直径10米的气球会自动燃烧。

"二战"中，这种从日本向相隔10000千米的美国投放炸弹的超长距离爆炸袭击在世界历史上仅此一例，特此记录。

共释放约9000个气球炸弹，共300个左右抵达美国。

虽然美国的受害者极少，但后来证实此次气球炸弹引起了山火、电线故障并且使美国原子弹制造时间推迟了3日。

在俄勒冈州，为纪念因气球炸弹而受害的6位逝者，建造了一座纪念碑。

华盛顿博物馆中，至今陈列着一个没有发生爆炸的气球炸弹，引发了人们的关注。

战争是无意义、徒劳的。

但愿世界再无战争。

在释放气球炸弹之日，由于发生爆炸，3人殉职。他们值得人们铭记。

特此纪念匿迹于永恒历史的一隅，像白银般闪耀过的梦的痕迹。

建于昭和五十九年十一月二十五日

将五层由楮树制成的和纸用以蒟蒻为原料制成的糨糊粘上后，就得到了气球的外壳。其中最难、最耗时、最精细的步骤就是粘贴环节。而负责这一步骤的，是女学生和"女子挺身队"。

据说当时人们不知道如何食用蒟蒻，还没有把它当作关东煮的材料。

"续航必需品"

释放气球炸弹，并不是简单地将氢气灌入气密性高的气球中，挂上炸弹后就能乘着西风飞到美国。

为了确保气球能飞到相隔甚远的美国，就需要确保气球能安然渡过夜晚的考验。因为到了夜晚，上空温度降低，气球随之缩小，浮力就会变小。而气球中的氢气，也会逐渐溢出。

为此，气球上安了一个装置，当检测到浮力变小时就会自动落下沙袋以维持高度。其操作原理是：气压计检测到气压变化后，会自动旋转一格齿轮，当气球下落了一定高度时（气压上升），就会打开电源开关，烧断一包沙袋的绳子，使其坠落。

真正令美国恐惧的，是气球炸弹中的传染性细菌发生扩散。为此，地质学家开始分析沙子中的矿物质比例，最终将沙子采取地缩小到日本的5个地方。

于是，美国派出侦察机，终于摸索到了气球炸弹的释放地点。因此，在战争末期，气球炸弹在上升时基本就被美军的战斗机打落了。

面向和平的未来

战后不久，一位牧师夫人带着周日学校的5个孩子共计6人，在位于美国俄勒冈州的森林里野餐时，不小心引发挂在树上没有爆炸的气球炸弹，不幸遇难。

由于当时美方严格控制了新闻报道，在事故数年后，消息才传到了日本。战时负责粘贴气球外皮的女学生们听到事故后，心痛不已，曾前去美国进行祭拜。

据说，美方去世者家属对前去祭拜的女学生们说：

"彼此原谅才能得来和平。"

Geography

有趣得让人睡不着的地理

喷射气流还能搬运沙尘哦!

山顶的零食包装袋鼓起来的原因

我们生活在大气层的最底层

地球是一个被气体圈层完全包裹的行星。这种气体圈层就是"大气"。大气厚度实际上超过500千米，但为了方便区分其与宇宙空间，人们将其厚度设定为80—120千米，从地表到此高度的范围都称为"大气层"。大气随着高度的增加，会越来越稀薄。

其实，大气（空气）也是有重量（质量）的。

1平方厘米的地面所承载的空气重量为1千克多一些（1033.6g）。举例来说，就相当于我们的一只手可以承受约为100千克的空气。想象一下，一只手竟然可以举起两个体重为50千克的人，是不是被如此重的空气吓到了呢？

承载大气的每个面都会受到来自大气的压力。这就是我们常说的"大气压"。标准大气条件下海平面的气压平均值被称为一个标准大气压。压强的单位为帕斯卡（pa）。

一个标准大气压为101300帕斯卡。由于数字太大不便表示，经常被换算为百帕（hpa），1百帕=100帕。因此，1个标准大气压=1013百帕。这个单位名称在天气预报中经常出现。

此外，大气压并不是只有自上向下的力，还存在来自水平方向和自下而上的力。

◆塑料瓶被挤扁的原理

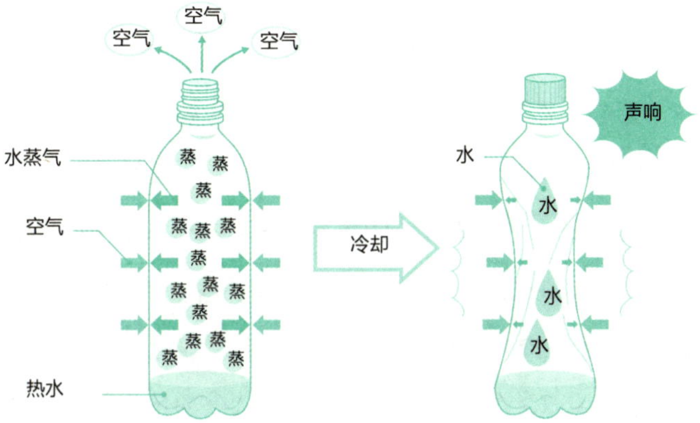

118

塑料瓶被挤扁的原理

如果你手头有空塑料瓶的话，我想请你做一个实验。

将热开水倒入塑料瓶，稍等片刻后，拧紧瓶盖。然后用自来水冲洗整个瓶子。此时塑料瓶发生什么变化了呢？

是不是突然发出声响，然后瓶子变扁了呢？

我来讲述一下瓶子被挤扁的原理。将热水倒入瓶子后，瓶子中活跃的水分子（水蒸气）增多，将原本瓶子中的空气挤了出去。而盖上瓶盖将其冷却后，充满容器的水蒸气又变回了水。于是，瓶中的气压下降，低于外界气压。外界大气压的力就会压扁瓶子。

即使把水瓶换成又大又结实的金属桶，结果也是完全相同的。将热水倒入金属桶，待水蒸气将空气赶出桶后将其密封、冷却。金属桶一样会被挤扁。

我们人类之所以没有被大气压挤扁，是因为我们身体内的压力和体外的大气压是相同的。

高度与大气压的关系

人们登山或去往高处时，会发现装零食的袋子变得鼓鼓的。是什么引起了这种现象呢？

越往高处，大气越稀薄，而气压也随之变小。

举例来说，我们将一个密封的袋子从气压为1013百帕的山脚带到高处后，袋子中的气压依然是1013百帕，而袋子外的气压却逐渐减小。于是就产生了压强差，袋子就会被空气撑得鼓起来。

比如，海拔3776米的富士山山顶的气压，约为638百帕。

大气压减小后，水的沸点也会随之降低。水在一个标准大气压下的沸点是100℃，而在富士山顶的沸点约为87℃，在珠穆朗玛峰上的沸点约为71℃。

因此，在海拔高于3000米的高地生活的人们，需要用高压锅做饭。因为用普通的锅没法高温烹调食物，煮出来的食物半生不熟，无法食用。

大气层是什么

大气层的结构是怎样的？

最接近地面的叫作对流层（延伸到地面以上11千米），对流层上面是平流层（地表11千米以上，50千米以下）。

◆大气构造

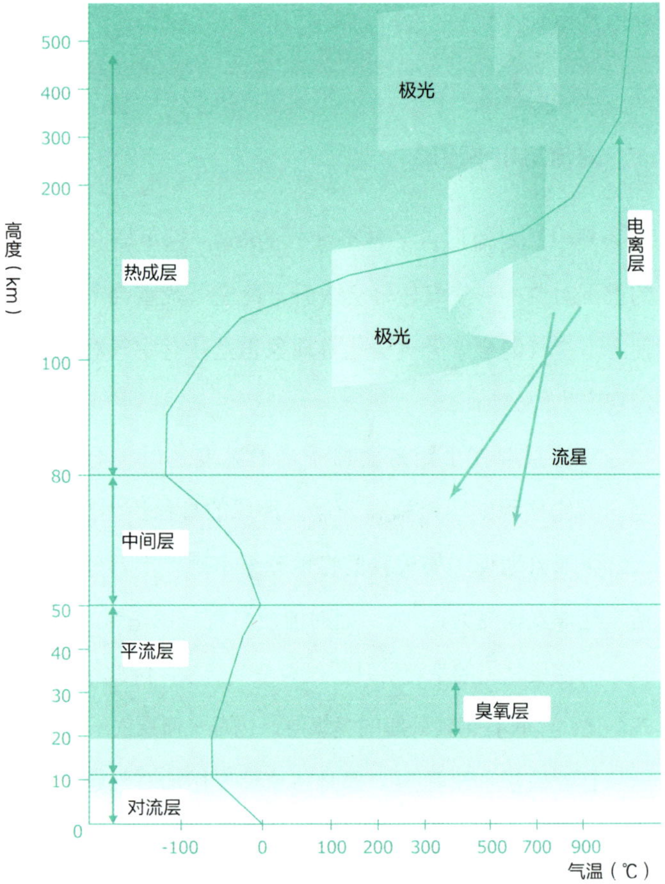

高度（km）

- 极光
- 热成层
- 极光
- 电离层
- 流星
- 中间层
- 平流层
- 臭氧层
- 对流层

-100 0 100 200 300 500 700 900

气温（℃）

有趣的气象学故事

Part 2

对流层和平流层之上为中间层（地表50千米以上，该层的气温随高度的增加而迅速降低）和热成层（地表80千米以上，该层的气温随高度的增加而迅速上升，存在极光和电离层）。

对流层和平流层

其中，对流层占了整个大气的80%。这里会产生空气的上下对流（热空气较轻会上升，冷空气较重会下沉），使上下空气混合。天气变化等现象也是在有空气对流的对流层产生的。

对流层存在于距地面11千米的高度之内。而这个高度，只比珠穆朗玛峰稍高一点。地球的直径约为13000千米。更形象地说，如果我们将地球缩小到一千万分之一的话，地球直径变为1.3米，而对流层只有1.13毫米。

对流层之上的平流层几乎没有空气交换，因此很少有天气变化。吸收有害紫外线的臭氧层，也是平流层的一部分。

在对流层和平流层，都是随着高度增加空气越来越稀薄，但空气中包含的气体比例没有变化。

Part 2

有趣的气象学故事

在高处泡的
方便面很有
嚼劲儿哦!

为什么高处会冷呢？

决定气温的是……

"太阳明明就在天上，离我们那么近，为什么会冷呢？"

如果小朋友向你提出这样的问题，你会怎么回答？

人们经常会到高原地区避暑，一提到高原就会有凉爽的感觉。包括富士山在内，许多高山的山顶上，即使在春天也能看到积雪。

实际上越高的地方越冷。当你走到1000米的高处时，气温会下降6.5℃。

正因如此，当东京（海拔为0米）的气温为15℃时，轻井泽（海拔约1000米）为8.5℃，富士山山顶（4000米）为-11℃，而载满乘客的飞机所飞行的1万米高空约为-50℃。

◆大气靠地表热量变暖

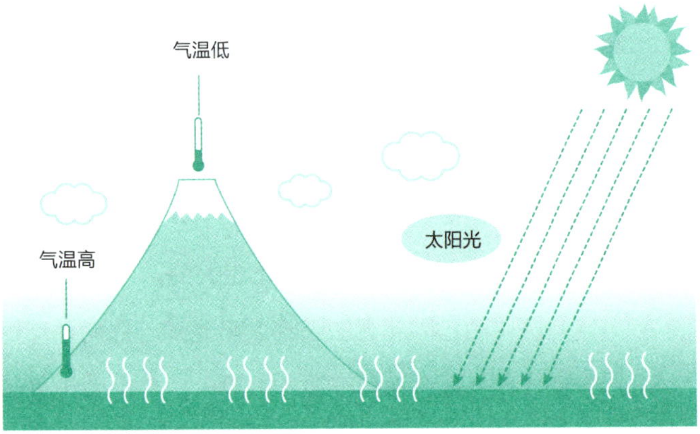

气温低

气温高

太阳光

　　由于其他多方面影响，实际温度不会与上述完全一致，但温度大致便是如此。那么，为什么越高会越冷呢？

　　气温是大气的温度，因此问题的关键就是搞明白大气是如何被加热的。

　　太阳光具有一个性质：被吸收得越多，加热效果越好。

　　你在选冬季衣服的时候，会选黑色还是白色的呢？如果你不拘泥款式，按照功能性来选择的话，那请选择黑色。因为黑色可以更好地吸收太阳光线，让你更暖和。也许是这个原因，冬天的黑色或深色衣服才比较多吧。

相反，白色衣服可以更好地反射太阳光线，因此更适合夏天。沙漠地区日照较强，其传统服饰之一就是那种将全身裹住的衣服。乍一看，会觉得穿这种衣服会很热，但事实上，白色布料裹住身体后会反射阳光，更加凉爽。太阳光的吸收量与温度上升的值是成正相关的。

大气是透明的，因此无法吸收太阳光线。照向地球的太阳光会穿过大气抵达地球表面并被吸收，从而使地表变暖。而被加热了的地表就会成为加热大气的热源。因此，离热源——地表近的地方较暖，而距离热源越远也就是越高的地方，会越冷。

那么，还有一个疑问。就像热气球的原理那样，暖空气因为较轻会上升。在安了暖炉的屋子里，热气会源源不断地上升，房顶处是最暖和的。

那么同理，热空气应该会向上飘，上空应该会变暖才对。

确实，地表被加热了的空气会变轻从而上升。但是，上空的空气稀薄，上升后的空气会膨胀（绝热膨胀）。空气有一个特点是受热后膨胀。但如果没有受热而发生膨胀的话，反而会使其变冷（绝热压缩）。

也就是说，地表的热空气的确在上升，但上升的空气会一边膨胀一边冷却，无法使上空的温度升高。

高空都是寒冷的吗

那么，高空都是寒冷的吗？

在距离地表约30千米处，存在着含有高浓度臭氧的臭氧层，它可以吸收来自太阳的有害紫外线。紫外线也是太阳光的一种，吸收紫外线的臭氧层会变暖，从而使温度上升。

因此，以温度为-50℃、距地表11千米处的高空为界限，越向上走温度会越高，在50千米处可以达到0℃。

臭氧层的下层是较重的冷空气，上层是较轻的暖空气，因此形成了一个较为稳定的层结构。这个层就被称为平流层。

而在地表到其上空11千米处，下层是暖且轻的空气，上层是冷且重的空气，因此上层和下层经常会发生对流，两处空气混合到一起。这个范围被称为对流层。

只有对流活动所产生的上升气流会形成云和降雨，因此气象变化只发生在对流层。

不喜欢受到大气干扰的飞机在对流层和平流层的边界飞行，此时眺望窗外一定会发现云彩在我们的下方。

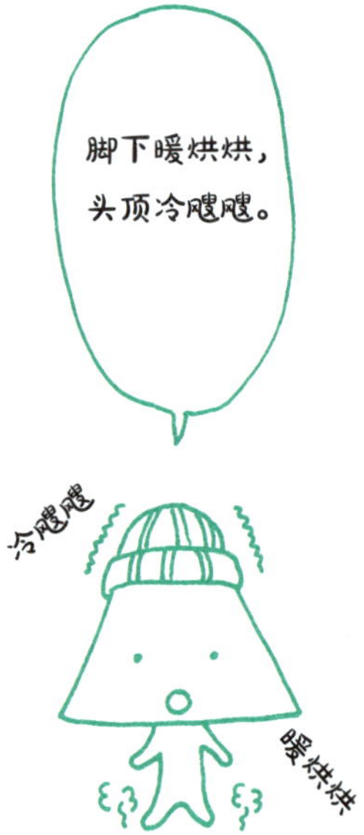

脚下暖烘烘，
头顶冷飕飕。

Part 2
有趣的气象学故事

冷飕飕

暖烘烘

夏天下冰雹的奥秘

上升哗啦啦，下降干巴巴

春天的天空中总是密布着像霞一样的云，而夏天的天空与积雨云是绝配。古代的人看到卷积云时，就会不禁感叹夏天的结束，他们可以根据云的变化感受到天气或季节的轮换。

如此自由自在变幻姿态的云，究竟是如何形成的呢？

在大气中，当中心气压低于周围气压时，空气就会吹向中心低气压区域，因而形成了上升气流。

包含水蒸气的空气块（气块）会被上升气流带到上空，气压减小，气块就会膨胀。而膨胀后的气块很难从外部获得热量，只能使用其内部的热量，因此温度下降。

于是，气块中的水蒸气就会超过饱和水蒸气量（空气中可携带水蒸气含量的最大值）而变为液态水。以空气中飘浮的尘埃等作为凝结核，液态水变为小水滴凝结在其周围，形成了云。

当气块继续上升时，温度会进一步下降，形成云的粒子会变为水滴和冰粒的结合体，甚至完全是冰粒。气温下降到0℃以后，小的冰晶开始形成。这就是冰雹。

◆冰雹在云中形成

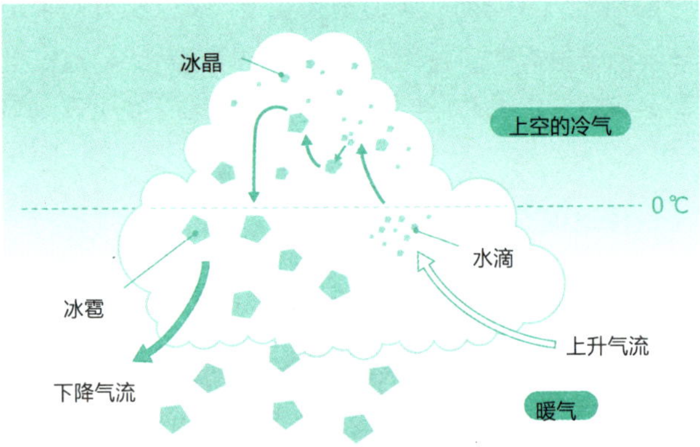

冰晶

上空的冷气

0℃

水滴

冰雹

上升气流

下降气流

暖气

气温在0—-4℃之间时，水滴和冰晶同时存在。-4℃以下，就只有冰晶存在。

像这样，无数的水滴和冰晶聚集在一起的飘浮物就是我们看见的云。

形成云的云粒（组成云的水滴或冰晶粒子）大小根据云的种类有所不同，但直径都在2—40微米左右（=0.002—0.04毫米）。当云粒相互粘连在一起时，就会形成雨滴。

夏天我们常见的积雨云就是剧烈的上升气流造成的。相反，当气块下降形成下降气流时，气块会逐渐收缩，温度上升。在这样的环境下，云就会消失。

因而空气移动而产生的变化就是"空气上升哗啦啦，空气下降干巴巴"。

直径30厘米的冰雹

1968年3月，印度落下了一个直径为30厘米的巨大冰雹。30厘米的直径，已经不能称其为"冰块"了。很多人都害怕地想，要是掉下来砸到脑袋上，必死无疑。

实际上，当时的雹灾造成了50人遇难。日本曾下过鸡蛋大小的冰雹，给农作物带来了巨大的损害。软绵绵的雪即使砸到头上也不会造成任何伤害。就算是软雹，也仅仅是疼一下。但如果是冰雹，就会造成严重的后果。

植物被冰雹砸中，会被损害或被砸死。据说日本因冰雹一年能有数十亿日元的损失。

早春时，会有软雹淅淅沥沥地下落。和雪一样，软雹和冰雹都被称为"固态降水"。软雹变大后就成为冰雹。虽然二者都指的是冰块，但软雹直径只有2—5毫米，冰雹直径超过5毫米，有记载的最大的冰雹直径达到30厘米。

巨大冰雹的成因

尽管冰雹和雪具有同一属性，但冰雹多出现于夏天。这是因为冰雹是在向上扩大的积雨云中形成的。积雨云，俗称"雷雨云"，是夏季出现的典型云。

在积雨云上部，悬浮着许多直径为0.1厘米的冰晶。小冰晶相互结合，逐渐就形成了大冰晶。

在云的内部，空气自下向上流动，因此小的冰晶得以飘浮，而当其增大到一定大小，就会下落。而在下落过程中，又会粘到冷的水滴，逐渐冰冻而越来越大，这时的粒子就是软雹。几乎所有软雹都是由透明的冰构成的。

如果此时出现非常强烈的上升气流，那么冰块就无法直接下落。因为稍一下降，就会被强烈的空气流吹回上空，随后它会在云中上下徘徊。在上下徘徊的过程中，冰块就会粘上更多水滴并冷冻，越变越大。最终，我们就看到了那个直径30厘米的冰雹。

如果你捡到了一个冰雹，请试着把它分成两半，但请等冰雹下完后再出去，不然太危险了。

当你观察冰雹的切面，会发现冰雹由透明和不透明的冰层交织在一起。因为它在空气流中被吹来吹去，就形成了像年轮蛋糕一样多层的冰结构。

Part 2
有趣的气象学故事

现在就要开始下冰雹啦！要小心哦！

冬天新干线在关原附近行驶缓慢的原因

历史上著名的地区

经常乘坐东海道新干线的人，在冬天乘坐从名古屋开往东京的列车时，应该遇到过因大雪而延迟或停运的不便情况。但在其他地区，东海道新干线从来没有过因大雪而行驶缓慢的情况。

东海道新干线的名古屋至京都线路，会经过岐阜羽岛和米原这两站。在两站中间稍靠近米原站的地方，有一个作为关原之战的开战地而著名的关原町。1600年，德川家康率领的东军和毛利辉元、石田三成等人率领的西军在关原发生战斗，最终东军取得胜利。这是历史上极为著名的场所。

冬天日本海一侧多雪的原因

日本进入冬季后，日本海一侧和太平洋一侧的天气迥然不同。日本海一侧湿度上升而多雪，太平洋一侧干燥而晴朗。

冬季时，从中国到日本列岛，都会迎来西伯利亚高气压的冷气流。当形成"西高东低"的冬季气压分布时，天气图显示的位于日本附近的等压线几乎都变为南北走向的纵线了。此时，会刮起强劲的西北季风。

从大陆吹来的季风本来是冷且干燥的，但当它经过温暖的日本海时，就会变身为富含水蒸气的暖湿空气。这样一来，大气的状态变得不稳定，空气会发生对流进而形成大量积云。积云会逐渐发展成为积雨云，因此日本海一侧的平原地区会降雪。

尤其当季风碰到日本列岛的脊梁山脉（像脊骨一样纵贯列岛的山脉，是奥羽山脉、越后山脉和飞驒山脉等的总称），就会形成上升气流并发展成为积雨云，因此山地地区会大量降雪。

当季风在平原和山地地区发生降雪后，会越过脊梁山脉经过太平洋一侧，此时形成下降气流，云就会消失。因此，太平洋一侧地区，冬季会形成干燥且晴朗的天气。

关原的地理特征

关原一带应该算是太平洋一侧的地区，但为什么会漫天飞舞大雪呢？

由中国的西伯利亚高气压带来的西北风，会经过若狭湾，穿过琵琶湖北端直达关原。而若狭湾到关原地区之间并没有高山，最高的也只是三国山（876米）这样的矮山。

而越过三国山就是琵琶湖的北部，因此西北风从日本海开始就不受任何阻碍，通过关原后直扫浓尾平原。也正因如此，携带大量水蒸气的西北风抵达关原附近时，就会带来大量的降雪。

在名古屋附近，有一股叫作"伊吹下降风"的强风，会在冬天越过伊吹山系吹来。这也是关原附近伊吹山的名字由来。

难以实现的其他路线

东海道新干线从名古屋向西行驶的时候，若是能在铃鹿山脉开通一条长长的隧道，就可以避免在关原附近与大雪搏斗。但是，在铃鹿山脉开通路线，在工期或是技术上都存在着一定难度。

而且日本与世界银行曾有一项融资条款"新干线要在1964年东京奥运会前开通"，因此选择了经过关原中山道的路线。

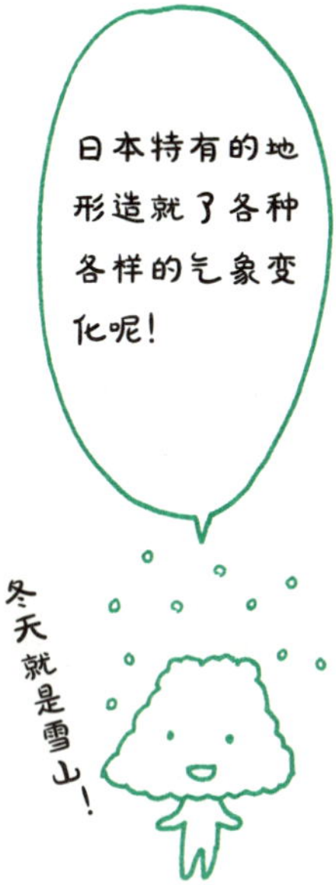

有趣得让人睡不着的地理

Geography

日本特有的地形造就了各种各样的气象变化呢!

冬天就是雪山!

Part3

奇妙的宇宙故事

H

地球原来是宇宙的中心？

什么是哥白尼式的革命

至今为止所认为的常识被完全刷新，突然出现的180度大反转的事情被称作"哥白尼式的革命"。

这个词取自天文学家尼古拉·哥白尼的名字。在整个社会都坚信地心说时，他坚定地提出了日心说。

地心说指的是地球为中心不动，其他天体围绕地球运动。而日心说的内容是太阳为中心，地球等小行星围绕太阳运动。日心说和地心说完全相反，可以说是大反转了。

哲学家康德把自己的批判方法在哲学上产生的影响比喻为"哥白尼式的革命"，该词由此为人熟知。

◆ 日心說（地動說）

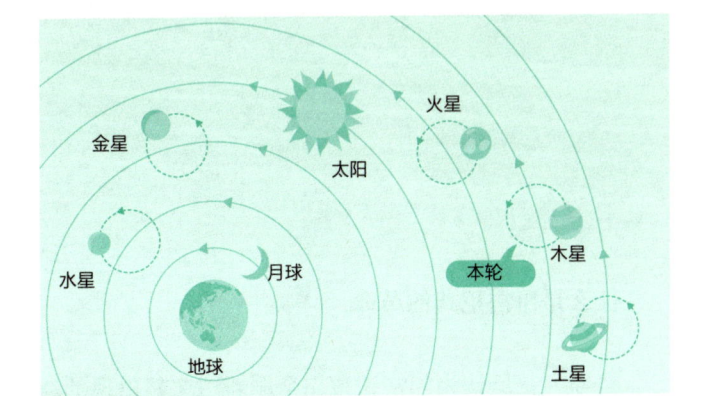

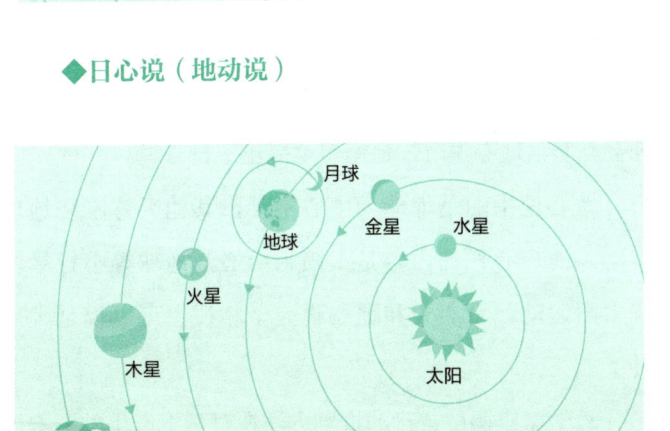

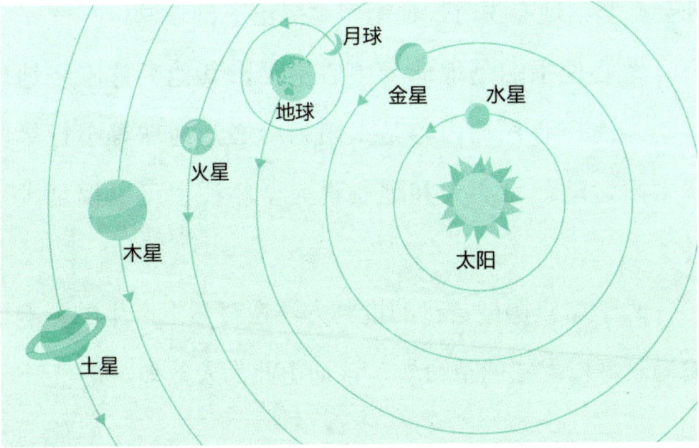

◆ 地心說（天動說）

从地心说转向日心说的阻碍

地心说认为，照亮夜空的恒星是粘在一个叫天球的球形顶棚上的，而地球位于天球的中心位置。地球周围依次是月球、水星、金星、太阳、火星、木星、土星的轨道。这是一个十分细致的模型。

因时而做顺时针、时而做逆时针运动而被人们称作"惑星"的小行星，其轨道被认为是以大轨道的一点为中心而形成的小圆。这个小圆轨道被称为"本轮"。

在这种情况下，哥白尼却提出了全新的日心说。他认为，是太阳而不是地球占据了中心位置。并且他坚信地球应该是在行星的位置。但当时还没有发现在地球绕太阳公转时可以观测到的"周年光行差"和"恒星视差"。

因此，即使哥白尼指出地心说是错误的，也没能成功反驳他人。并且，在哥白尼的时代，在行星运动方面，地心说的模型解释比日心说看起来更为缜密。

划时代的大发现日心说，以不被世人接受而告终。

日心说的证据

哥白尼于1543年出版了一部关于日心说的书。但是，证明日心说所必需的"周年光行差"，在100多年后的1727年才得以确认。

周年光行差就是地球上的观测者由于公转而高速运动时，观测者与光会出现相对运动，此时观测者看到的光与光真实传来的方向是存在夹角的，这个夹角就被称为"周年光行差"。这是地球公转的证据之一。

另一个证据就是"周年视差"，但科学家却久久没能成功测量。周年视差就是，地球围绕太阳公转时，地球上可以观测到地球近处的恒星在一年周期中会发生细微的运动，而其运动角度叫作周年视差。

我们来看一下身边的例子。

窗户的旁边，放着一花瓶。头边动边看花瓶的话，我们看到的花瓶也是静止的。那请试着摆动你的头，一起看花瓶和窗外远处的风景。这个时候你会发现，窗外景色静止不动，但花瓶开始动了。

头的位置发生变化时，我们看远处和近处的东西就会发生变化。这种变化就叫作"视差"。没能检测出周年视差，就代表恒星在离我们非常远的地方。

当时的天文学家认为，如果地球围绕太阳公转，那半年后看近处的恒星和远处的恒星就会发生变化。但没能观测到。

因为恒星非常远，周年视差太过微小才不容易被检测出来。1838年初，人们终于在天鹅座61成功测量出了周年视差。

此外，1851年，莱昂·傅科发现，如果使用一个永远摆动的巨大单摆，那么它摆动的方向会由于地球的自转发生偏移。这个实验首次证明了地球的自转。

◆周年光行差

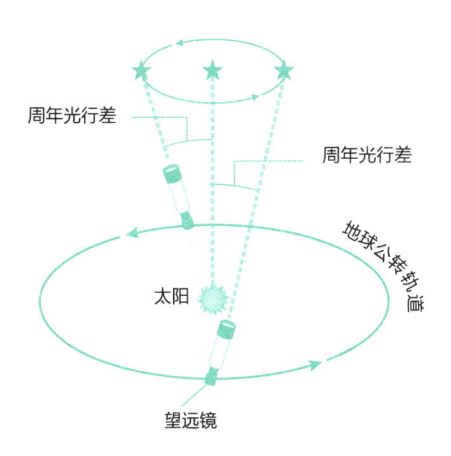

◆周年视差

从望远镜2看到恒星的位置　　　　从望远镜1看到恒星的位置

周年视差

周年视差

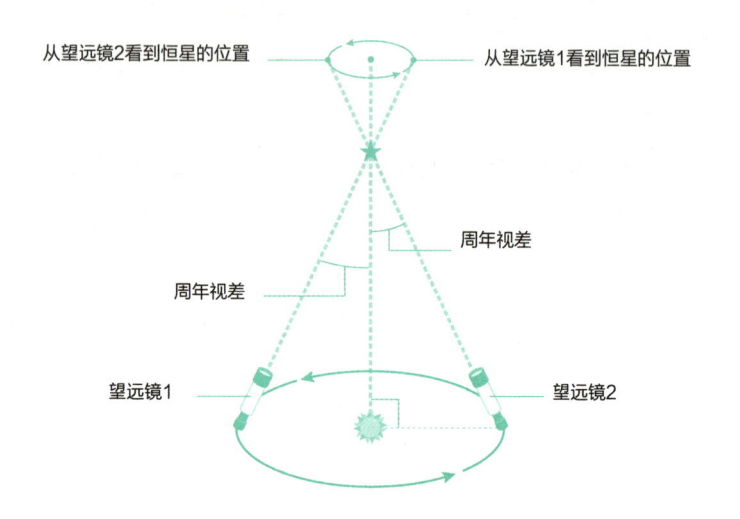

望远镜1　　　　　　　　望远镜2

虽然哥白尼的日心说和伽利略、开普勒、牛顿等人提出的现代宇宙观相关联,但地球自转和公转的明确且直接的证据,科学家们用了300多年才得以找到。

在此简单介绍一下德国天文学家约翰内斯·开普勒(1571—1630)。开普勒和伽利略出生在同一个时代,因为发现行星的运动定律而闻名。

开普勒曾在著名天文学家第谷·布拉赫身边当助手,努力研究。第谷是在不用望远镜观测的情况下收集了最精密行星位置数据的人。师父去世后,开普勒运用这些大量的观测数据,开创性地总结出了行星运动的三大定律。

第一定律(椭圆定律):所有行星绕太阳的轨道都是椭圆形的,太阳在椭圆的一个焦点上。

第二定律(面积定律):行星和太阳的连线在相等的时间间隔内扫过相等的面积(相当于行星接近太阳时运动更快)。

第三定律(调和定律):所有行星绕太阳一周的时间的平方与它们轨道长半轴的立方成比例。

这就是开普勒定律。随后牛顿受到该定律的启发,推导出万有引力定律。

有趣得让人睡不着的地理
Geography

不要被固有观念束缚呀！

くるり

伽利略用望远镜看到的宇宙

与望远镜的邂逅

著名的天文学家、物理学家伽利略·伽利雷于1564年诞生于意大利比萨。让伽利略流芳百世的原因，可以说在于他与望远镜的邂逅了。

历史上第一架望远镜是用凸面镜当物镜，凹面镜当目镜的。关于望远镜的发明者有许多说法，现存记录显示荷兰的眼镜工匠汉斯·利普西在1608年申请了专利。

第二年（1609年）5月，伽利略仅用一天时间就制作出了10倍倍率的望远镜，随后又着手制作更高倍率的望远镜。他最终制出了倍率为20倍的望远镜。

眼镜匠人们制出的望远镜不仅只有2—3倍倍率，且画面也很模糊，而伽利略的望远镜却能看到清晰的图像。

◆伽利略的望远镜

望远镜开辟出的世界

当时伽利略制造出的望远镜很小,口径只有4厘米,而且甚至还不如现在的廉价玩具望远镜性能好。但当时用这个望远镜望向宇宙的时候,着实给人类带来了巨大的惊喜。

原本人们心目中,本应像水晶球一样晶莹剔透的月球,用望远镜观测后才发现,其表面是凹凸不平的(陨石坑），并且有黑色的阴影（伽利略称之为海）。被认为是纯洁无瑕的光球——太阳上，也被观测到了黑点（黑子）。

地心说认为比月球还要远的天是永远不动的，这样一来就无法解释太阳上黑子的形态和位置会发生改变的现象。而黑子的变化，正是太阳自转引起的。

发现银河系是星星集合的人也是伽利略。并且，他还发现了木星的四大卫星。这四大卫星现在被称为"伽利略卫星"。但当时由于美第奇家族在资助了伽利略，伽利略曾把这四大卫星命名为"美第奇星"。

伽利略于1610年3月，将以上所有观察记录写进了《星际信使》，并成功发表。在这篇论文中，他讲述了木星的卫星不以地球，而以木星为中心进行环绕，而这一结果可以证明不以地球为中心环绕的天体是存在的。此外，也引发了另一个重要的思考：与卫星相同，地球绕着巨大的太阳旋转也是很自然的现象。这对地心说更是一个不利的证据。

在金星的观测方面，科学家也发现了金星会发生盈亏现象，而大小也在变化。如果地心说是正确的，那么金星就算有一定程度的盈亏，也不可能做到新月那么细。并且，如果金星和地球的距离固定的话，那么大小也不应发生变化。

◆ **金星的盈亏**

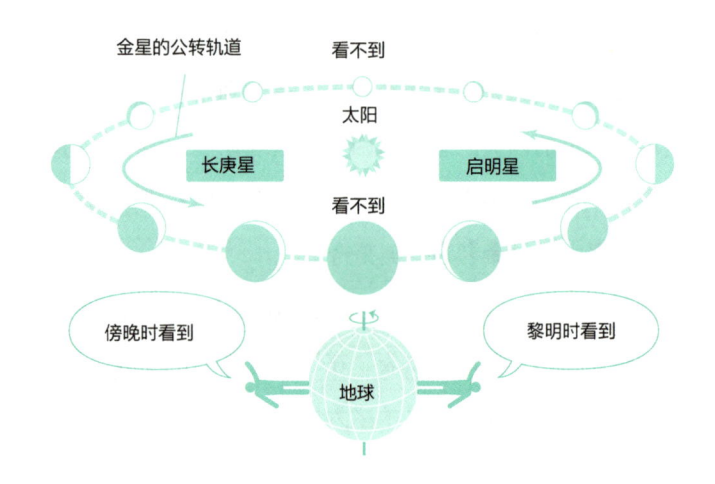

日心说的接力棒

由于伽利略在著作《关于托勒密和哥白尼两大世界体系的对话》（简称《天文对话》）中支持日心说，1633年教会判处他有罪，命令他放弃异端邪说般的日心说，并将其幽禁。

有传闻说伽利略在审判的时候也小声说"即使如此地球也是动的",但后来有两种说法。一个是支持伽利略当时并没有说这句话,只是后来其弟子为了推行日心说所编出的故事。还有一种说法是,伽利略是用拉丁语说的,故意让别人听不懂。

伽利略在幽禁期间,编纂出《关于两门新科学的对话》(简称《新科学对话》)一书,明确描述了惯性运动和自由落体定律等。伽利略晚年时双目失明,1642年与世长辞。

神奇的是,伽利略去世的同年,牛顿出生了。牛顿提出的惯性概念、运动定律和万有引力法则,终于继承了哥白尼、伽利略和开普勒的遗志,在力学上提供了支持日心说的实际证据。

有趣得让人睡不着的地理

Geography

仅凭一人无法完成日心说的证明。

宇宙的诞生与元素的合成

大爆炸是宇宙的起源

20世纪初,在美国的威尔逊山天文台有一个叫鲍威尔·哈勃的人。他从律师转行到了天文学领域,拥有各种各样的经历。他用大型天体望远镜观测了很远的星体大集合,也就是银河,发现了银河的颜色偏红。

该现象被称为"光的多普勒效应":远离观测者的发红光,而靠近观测者的发蓝光。由此,人们知道了宇宙是在不断膨胀的。这是1929年的事情。

宇宙至今依然在膨胀的话,那么可以设想古代的宇宙,是由超高密度状态的一个点诞生出来的。并且,还有人指出,因为现在宇宙存在很多类似氢、氦的轻元素,可以推测出超高密度状态的宇宙是拥有极高温度的。

这个人就是乔治·伽莫夫。他于1947年提出，宇宙是由超高温、超高密度的火球开始形成的。

当时，在天文界受到众多科学家支持的理论是弗雷德·霍伊尔提出的"稳态理论"。"稳态理论"认同哈勃提出的宇宙膨胀论，但不同点是银河产生后，宇宙物质的密度保持永远不变。

霍伊尔无法接受伽莫夫的理论，戏谑地称其为"大爆炸（Big Bang）理论"。但由于这个称呼十分容易理解，被人们熟记。今天谁又能想到"大爆炸"竟曾是嘲笑伽莫夫而出现的命名呢？

伽莫夫认为，如果宇宙是从火球诞生而来，并不断膨胀的话，大爆炸时的超高温会逐渐冷却，那么现在的宇宙应该在3开尔文（-27℃）左右。

随后，人们发现了可以证明这个猜想的"宇宙背景辐射"，使得伽莫夫的宇宙大爆炸理论战胜稳态理论。宇宙背景辐射指的是从宇宙各个方向传来的电磁波。波长在1厘米左右的微波领域最强，而其光谱显示温度为3开尔文。

◆ 大爆炸

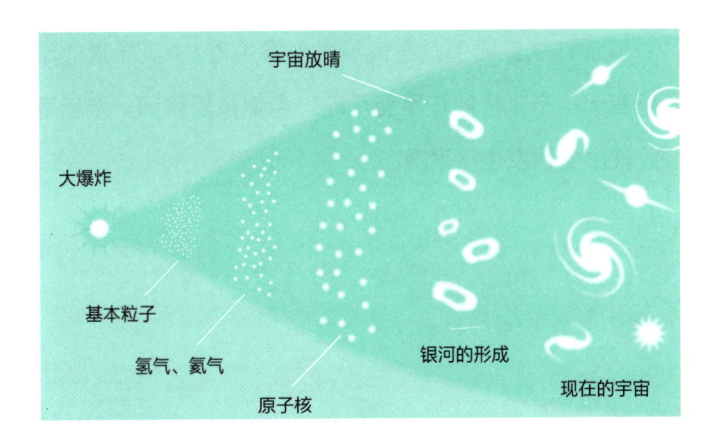

宇宙放晴
大爆炸
基本粒子
氢气、氦气
原子核
银河的形成
现在的宇宙

从小号元素开始依次合成

大爆炸发生后的0.0001秒后，宇宙的温度为10亿摄氏度，大小接近太阳系。1秒后，宇宙的温度达到100亿摄氏度，大小扩大到太阳系的100倍。宇宙的历史可以追溯到这次大爆炸，据说是距今137亿年前发生的。

宇宙诞生后，首先出现的就是氢元素的原子核。大爆炸3分钟后，分散的质子和中子结合，产生出氘、氚、氦的原子核。这些就是"原初核合成"。

宇宙中存在最多的元素是氢元素，其次是氦，其他的元素都微乎其微。这些是在大爆炸后瞬间合成的元素。

随后，恒星诞生。在恒星内部发生着4个氢元素的原子核变成一个氦核的核聚变反应。当氦核累积到一定程度后，就由氦核发生核聚变。

◆大爆炸元素合成

质子　中子

氘原子　氚　氦原子

在比太阳更重的恒星上，会进行碳、氧、氮等的核聚变反应，这样就会依次合成出直到原子序号为26的铁元素的各种元素。由于铁的原子核十分稳定，在恒星内部无法合成比铁还大的元素。

金和铀等元素的形成

那比铁更大的元素是什么时候形成的呢?

当巨大的恒星寿终正寝时,会产生超新星爆炸。那时会产生巨大的压力和热量,产生了镭和铀等元素。

恒星包含的原子核、超新星爆炸时生成的大部分元素,随着爆炸都会被甩到宇宙空间中。被分散的元素变成了星际间的灰尘在宇宙中飘荡,最终变成新的恒星或行星的材料。

地球上之所以存在从氢元素到铀元素的多种元素,是因为地球或者说包含地球在内的太阳系,堆积了比太阳还要重的巨大恒星发生超新星爆炸后释放出的星际尘埃。

金和铀等资源,其实都是超新星爆炸的残渣。

有趣得让人睡不着的地理

Geography

一切都是从氢原子变来的!

地球和金星的不同命运

叫作金星的行星

金星自古被人们称为"启明星""长庚星"。金星和地球拥有相似的诞生过程。

在行星之中,离太阳较近的水星、金星和地球,与木星、土星是拥有类似性质的兄弟星。其中金星的大小和质量都与地球十分接近,内部的结构和构成物质也基本相同。但金星表面和地球却相差甚远。

假设我们向金星发射一架探测火箭去观测金星地表的话,那么在金星外,根本无法看到其地表。这是因为,金星地表之上50—70千米处,覆盖着厚厚的云。

地球的云团是由水组成的,而金星的云则是由浓硫酸构成的。所以,云彩呈现出硫粒子混合出的黄色,而能见度在3千米左右。大气主要成分为：96%的二氧化碳、3.4%的氮气、0.14%的水蒸气，也就是说几乎全部由二氧化碳组成。

金星的大气压约等于地球海底900米处的水压，也就是达到了90个标准大气压。因此，金星的大气密度是地球的100倍（0.1kg/cm³）。

90个标准大气压下水的沸点是300℃，金星地表附近的温度比沸点还要高出很多，要超过400℃。这也是大量二氧化碳带来的温室效应所造成的结果。

金星与地球的差异

	金星	地球
与太阳的距离【AU】	0.723	1.00
公转周期【地球日】	224	365
自转周期【地球日】	243	1.00
赤道半径【km】	6052	6378
密度【g/cm³】	5.24	5.52
平均气压【hpa】	92000	1013
平均气温【k】	750	288

由于被很厚的大气覆盖，无法看到地表的样子

不同的命运

地球诞生于约46亿年前,那时的地球大气以氢气和氦气为主,但不久后被太阳风暴全部吹走了。随后,地壳形成,火山活动频繁,从地球内部喷出的气体就变成了大气的主要成分。也就是二氧化碳、氮气和水蒸气。

地球与太阳的距离适中,单位面积接收到的日射和紫外线都要比金星少一些,因此水蒸气不会被分解。当火山活动弱化,水蒸气变为雨,雨创造出了海。于是这座星球又被人们称为"水的星球"。

这时,雨中大量的二氧化碳溶进了海水中。包含二氧化碳的原始海洋孕育了各种各样的生命。其中有一些生物可以进行光合作用,向大气中放出氧气。就这样,地球主要的大气成分就变为了氮气、氧气和水蒸气。

金星刚刚诞生时,也曾存在过水蒸气。过去的太阳比现在要暗,人们认为金星上也曾形成过吸收了二氧化碳的大海。但后来,太阳逐渐变亮,海水温度上升,二氧化碳又重新被释放到了大气中。

由于二氧化碳的温室效应,地表的温度再次上升,而大气中的二氧化碳再次升高,并循环下去。终于,由于高温，海水蒸发为水蒸气，来自太阳的紫外线将水蒸气分解为氢气和氧气。而轻轻的氢气就被吹到了宇宙空间。

地球之所以有着同金星完全不同的命运，只是因为地球比金星到太阳的距离远了4000万千米而已。

月球曾是地球的兄弟？

亦近亦远的月球

水星和金星之外的行星，都有围绕其旋转的卫星。地球的卫星就是月球。

月球是人类除太阳外最为熟悉和喜爱的天体了。自古以来，月球就被用来吟诵诗歌、帮助计算历法，是人们生活中不可或缺的一部分。但其实，月球作为卫星来讲，还有许多科学上的问题尚未解决，实在是一个神奇的天体。

接下来要说明的，就是我们至今没有解决的问题。

月球的内部结构是什么样的呢？

和其他的卫星相比，月球是不是相对自己的母行星（地球）来说，有些太大了呢？

在地球上总是只能看见月亮的一个面，这是为什么？

（自转和公转的周期相同？）

月球正面（地球侧）地壳的厚度要大于背面，为什么？

为什么被称为"海"的黑色玄武岩平原只存在于月球正面？

月球是怎样诞生的，至今仍是一个未解之谜。月球的特殊之处在于，与其他卫星与行星的关系不同，月球相对其母星地球来说，体积太大了。为什么地球会选择一个大小不合适的星球作为卫星呢？

关于月球诞生的秘密，有三种假说。

第一种是同源说，地球和月球是偶然在同一地点同一时间诞生的。

第二种是分裂说，在地球形成的早期，地球呈熔融态，自转速度很快，离心力把月球分裂了出去。这是达尔文的儿子乔治·达尔文提出的。

第三种假说是俘获说，月球是在完全不同的地点诞生，后被地球的引力捕捉过来的。

然而俘获说无法解释地球和月球的化学成分十分接近的事实。而同源说无法解释月球和地球的平均密度相差甚远的事实。虽然分裂说看似有说服力，但后来地球是否有足够大的离心力可以使月球分裂也遭到了质疑。

于是1975年,威廉·哈特曼和唐纳德·达韦斯提出了大碰撞理论。该理论认为分裂说中分裂的驱动力不是离心力,而是天体的撞击。

冲撞说的解释

45亿5000万年前的地球才刚刚诞生,那时不但没有生命,连大海也不存在。这样的地球,被一个有地球一半大的小天体斜向击中。

由于撞击,地幔的一部分被撞掉飞散到宇宙空间,随后由于相互间的引力作用,再次集合到一起形成原始的月球。此时的结合地点,是距离地球2万千米的地方,相当于现在地月距离的二十分之一。

那时候从地球上看到的月球是什么样的呢?月球的直径是现在的20倍,表面积为400倍,因此满月时夜晚相当明亮。现在月球的公转周期为29天,在那时也只有短短的10小时,在天上令人眼花缭乱地移动着。

此外,值得关注的还有月球的潮汐力。潮汐就是其他天体的引力带来的影响。大海刚在地球上出现的时候,地月距离为4万千米,虽然已经很远了,但那时的潮汐力为现在的1000倍。

假如说现在地球上潮水的涨落差是1米的话,那么简单计算下来,当时的涨落差就是1000米。也就是说,当时每天都处于有巨大海啸冲过来的状态。

如果原始月球离地球很近的话,那么月球也应该受到地球强大引力的影响。比如说,月球内部有很重的地核和地幔,那么由于地球引力,靠近地球一侧的地壳会薄,远离地球一侧的地壳会厚。

此外,地壳较薄的正面遭到陨石撞击后,地壳下的玄武岩质岩浆就会流出,冷却后变成玄武岩海,出现在月球正面。并且,月球的重心也会由于地球的引力向地球侧(正面)偏,导致月球总是正面朝向地球,也就是月球的自转和公转周期相同。

如果像这样按照碰撞说去类推的话,那么之前所举的那几个关于月球的问题就都能解释了。

地月间的紧密联系

约46亿年前,宇宙空间中漂浮着的大量气体和尘埃一边旋转一边聚拢，形成了太阳。随后，以太阳为中心旋转的岩石块（小行星）不断出现，通过不断地撞击和合体，形成了行星。这些行星之一就是地球。

地球本来一直做着符合小行星旋转运动的自转和公转运动。但是，由于约45亿5000万年前发生的大撞击的影响，地球开始了全新的自转运动。人们认为，地球的自转轴是自那时起发生倾斜的。

◆月球的潮汐力对地球自转速度的影响

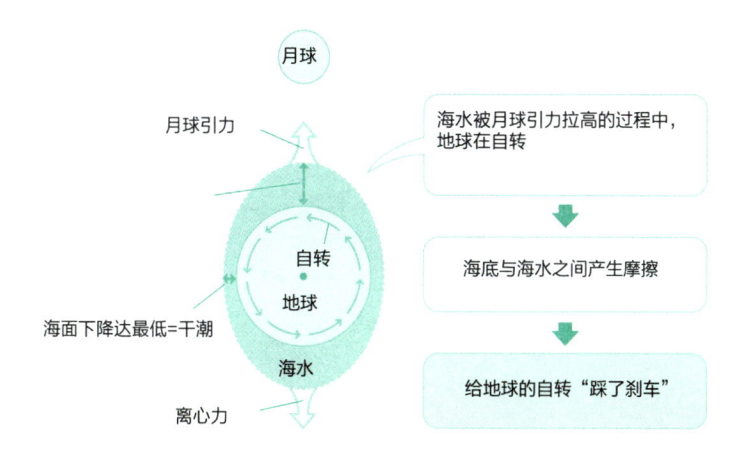

月球

月球引力

自转
地球

海面下降达最低=干潮

海水

离心力

海水被月球引力拉高的过程中，地球在自转

海底与海水之间产生摩擦

给地球的自转"踩了刹车"

大碰撞刚发生时的地球自转周期为5小时，而如今的自转周期长了很多。其原因就是月球的潮汐力。

潮汐力引起涨潮和落潮的现象被称为"潮汐作用"，而潮汐作用导致了海水与海底间的摩擦。由于摩擦的影响，地球自转速度就减慢了。海水移动，岩石也多少发生了变形，能量损失也对自转速度产生了一定的影响。

自转减缓的速度虽然非常慢，数千至数万年才减慢1秒，但经过数亿年以后就达到了1小时。地球的自转确确实实是在缓慢地降低速度。

看到流星的秘诀

流星发光的原因

从古至今一直流传着一个说法,如果你看见流星,那么在它消失前许下的愿望,一定能成真。

想看到流星是需要一点"秘诀"的。如果你能掌握这个秘诀,说不定真的能实现愿望。

首先,我们先认识一下流星是什么。如果你实际看过流星的话很好理解,流星和夜空中的星亮度相似,但是它会突然出现,并快速地做直线运动然后消失在夜空中。乍一看,人们会认为好像是星星在流动一样,但其实星星(恒星)和流星迥然不同。

恒星是像太阳那样会自己发光的天体。又大又暖又闪耀的太阳和冷冰冰的星星,看似是截然相反的两种天体,但实际上二者都被称为恒星。之所以我们看到的完全不同，是因为它们距离地球的远近不同。

假设太阳远离我们几光年，那它看起来就和闪耀的星星一样了。反之，其他恒星像太阳一样靠近我们的话，它们也会变得又大又暖又亮。恒星就相当于在远方的太阳。

我们再说说流星。行星间飘浮的宇宙尘埃进入地球大气层后发出亮光的现象就是流星。也就是说，流星最大也只有1立方厘米，是发生在离我们很近的大气层内部的现象。因此，恒星和流星是截然不同的两种物体。

那作为宇宙尘埃的流星为什么会发光呢？

流星在进入大气层时的速度可以达到每秒数十千米，十分迅速。因此，流星会撞击大气中的气体分子并将其打散、激发（使其变成高能量状态）、加热。被激发、加热后的气体分子发生电离现象，变为发光的等离子状态。

也就是说在100千米附近的稀薄大气层，被流星冲散的气体分子在发光。但当流星到达80千米处后，大气层增厚，气体分子拥挤在一起，很难被打散。于是流星前面的空气会被压缩，温度上升，压缩的空气变为等离子状态后发光。

最终，被压缩和加热的空气反过来加热流星，使其在到达地表前燃尽。在流星发出光芒后划过天际的一瞬间，会引发这两种现象。

◆流星发光的两个阶段

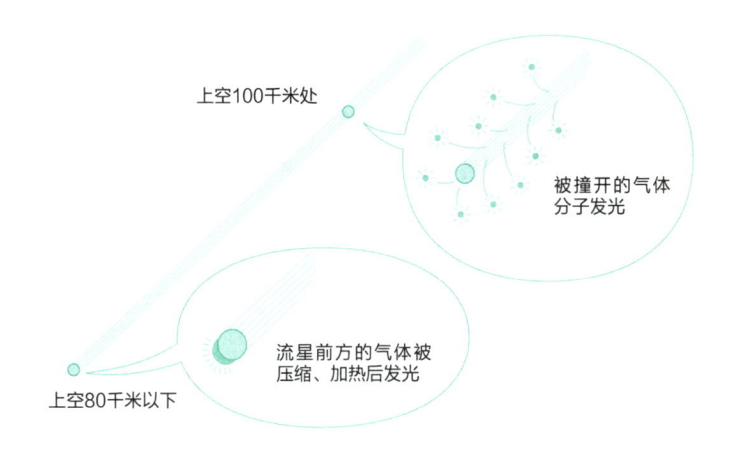

上空100千米处
被撞开的气体分子发光

上空80千米以下
流星前方的气体被压缩、加热后发光

目标是流星雨

那么流星发生的频率是多高呢？

其实流星是一年365天，一天24小时都在发生的。算上发光微弱的流星的话，一年中出现的流星次数不可胜数。但实际能观看到流星的概率却没有那么高。

这是由于较暗的流星占大多数，夜空条件就成了决定性因素。夜空越暗，我们能看到的流星就会越多。据说在条件好的夜空中，一小时内在整片夜空中能看到5—10颗流星。

但是人类的视野只能看到整片夜空的四分之一到五分之一。如果只盯着一个方向看的话，一小时只能看到1—2颗。但一般很少有人会朝着夜空的一个方向连续看一小时，而且还需要在条件好的夜空中看。此外，大都市的夜空中看到流星的概率更低。

然而有一样东西可以使罕见的流星更易被人们察觉，那就是流星雨。在地球的公转轨道上，有许多地方堆积着厚厚的流星原材料——宇宙尘埃。当地球通过那些地方时，就会有大量尘埃进入地球上空，形成难得一见的、大规模的流星划过天际的现象。

在宇宙尘埃密集的地方，会看到彗星。彗星就是接近太阳时会留下长长尾巴的天体。长长的尾巴就是因为接受了太阳的光和热而喷出的彗星内部的物质。

从彗星内部喷出的物质，即宇宙尘埃，大量分布在彗星公转轨道附近。而地球公转轨道和彗星公转轨道是有重合部分的，当地球通过交叉点时，就会有比平时多出许多倍的尘埃进入大气层，进而形成流星雨。

带来流星雨的彗星被称为"母彗星"。母彗星通过后的瞬间，是尘埃最多的时候，这时会形成流星比流星雨还要多的现象，也就是"流星暴"。

离我们最近的一次流星暴就是狮子座流星雨。1999年母彗星坦普尔－塔特尔彗星通过，而在两年后的2001年，日本看到了狮子座流星雨。

另外，流星雨前面总是跟着星座的名字，这也是有含义的。当流星雨出现时，把所有流星的轨迹延长后发现，它们都集中在一个点（辐射点）上。流星雨都从这个辐射点出发，因此会以辐射点附近的星座命名。辐射点是由于地球冲进彗星散布的尘埃中而产生的。

看到流星的三个条件

流星并不是由于尘埃冲向地球而形成的。几乎所有的流星都是地球冲向尘埃形成的。地球的前进方向就是公转的方向，从太阳看地球的话就是直角偏左的方向。所以我们可以看到的大量流星是从这个固定方向飞进来的。

◆猎户座流星雨的辐射点

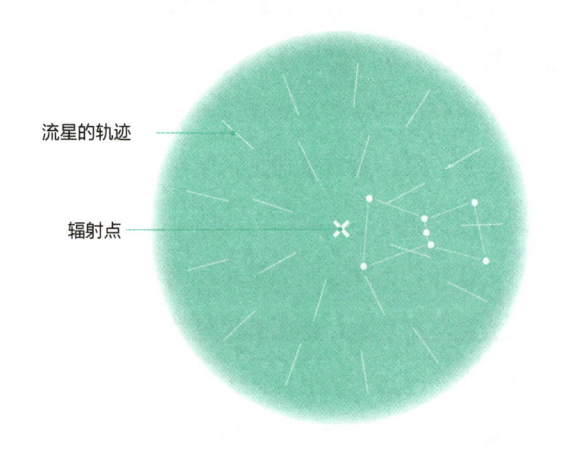

流星的轨迹

辐射点

从地球与太阳的位置关系来说，我们可以在凌晨0点至中午12点看到这个方向的天空。而日出后天被照亮，流星就看不到了，所以能看到流星的最佳时间是凌晨0点至日出前。

以下三点是观测流星的秘诀：

①尽量找比较暗的地方

②尽量找流星雨

③尽量在凌晨0点至日出前观测

主要流星雨	高峰期	母彗星
★ 象限仪座流星雨	1月3日	未确定
天琴座流星雨	4月22日	佘契尔彗星
5月水瓶座流星雨	5月6日	哈雷彗星
7月水瓶座流星雨	7月28日	不明
★ 英仙座流星雨	8月12日	斯威夫特·塔特尔彗星
猎户座流星雨	10月21日	哈雷彗星
狮子座流星雨	11月17日	坦普尔－塔特尔彗星
★ 双子座流星雨	12月14日	3200法厄同（双子座流星雨的母体不是彗星，而是小行星）
小熊座流星雨	12月22日	塔特尔彗星

流星雨中最为常见的就是象限仪座流星雨、英仙座流星雨和双子座流星雨，它们被称为北半球三大流星雨。其中我最想推荐的就是英仙座流星雨。英仙座流星雨在高峰期时，一小时可出现30—60颗流星，并且每年都会稳定地出现最多、最亮的流星。英仙座流星雨一般在8月12日的前后两三天最为活跃。

这个时期也正值日本的盂兰盆节，可以在旅行时享受流星雨。并且,夏天的夜晚并不寒冷,和忍受严寒在深冬观测象限仪座流星雨和双子座流星雨不同,人们可以在户外开心、舒适地享受观测流星的乐趣。

太阳会永远燃烧下去吗

太阳的能量源是什么

太阳是如何持续燃烧的呢?在地球大气层外,1分钟内1平方厘米面积受到垂直射入的太阳能量约为8焦耳(约2卡路里)。这是太阳常数,整个地球获得的能量为1.2×10^{19}焦耳。

即使如此,地球获得的能量仅仅是太阳向整个宇宙释放的能量的二十亿分之一。

假设太阳是由煤这样的燃料组成的话,数十万年就可以完全消耗掉这些燃料。太阳却在46亿年中,不断地发光发热。太阳发热的原理在很长时间内都是个谜。

然而,进入20世纪以后,随着原子物理学的相关研究不断发展,太阳的发热原理终于被破解了。原来太阳是通过核聚变反应释放能量的。核聚变就是指较轻原子核互相结合，形成一个重原子核的过程。氢弹也是利用了这个原理。

在太阳内部发生的核反应主要是四个氢原子核合成一个氦原子核的反应。该反应导致质量减少，而减少的质量就转化成了能量。

核聚变产生的能量以大量的光和热的形式维持着太阳的温度，并促成下一次的核聚变。所以科学家给出的结论是太阳的寿命大约有100亿年，所以在今后的50亿年里，太阳还可以继续发光发热。

太阳的一生

20世纪的天文学家发现，决定恒星生命的本质因素就是质量。极端点说，只要知道恒星诞生时的质量，就可以算出它有多少年的寿命，会迎来怎样的终结。目前宇宙中的全部恒星中，百分之九十都处于主序星阶段。主序星们的性质相似，大小从太阳的十分之一到10倍不等。大多数恒星都经过主序星阶段，变为红巨星、红超巨星，最后变为白矮星。

太阳现在就处于恒星演化过程中的主序星阶段。

恒星一生中的大部分时间都在主序星阶段。后来经过不断变大膨胀，成为红巨星。由于恒星内部的核聚变反应，中心部位变为氦核。最终，氢原子的聚变反应将向外层移动。

恒星的重力和辐射能之间需要维持一个平衡，但核聚变在恒星外层发生的话，辐射能逐渐强于重力。最终，恒星不断膨胀，表面温度不断下降，逐渐变得更亮。

◆ **恒星的一生**

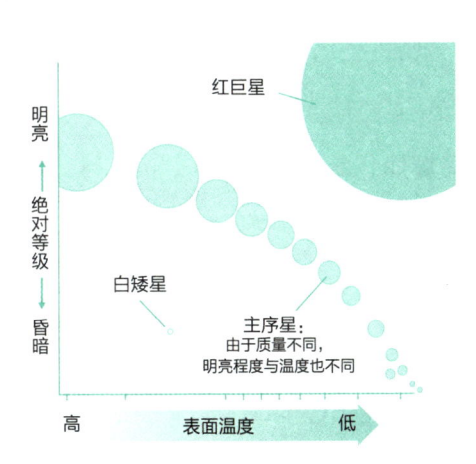

红巨星

明亮 ↑ 绝对等级 ↓ 昏暗

白矮星

主序星：
由于质量不同，
明亮程度与温度也不同

高 ← 表面温度 → 低

太阳在约46亿年前，也就是太阳系形成后就步入了主序星阶段，至今的亮度增长了约30%。在主序星的最后一个阶段，太阳的亮度将会变为现在的2倍。随后，太阳会急剧膨胀到达红巨星阶段，届时巨大的太阳将会冲破地球公转轨道，将地球吞噬掉。

但是，当太阳抵达红巨星的初期阶段时，会释放气体、灰尘等导致质量减小，进而致使太阳和地球之间的万有引力减弱。这样一来，地球就会脱离太阳轨道，也许就不会被吞噬。

太阳在经过红巨星阶段后，会变成濒死前才出现的行星状星云，随后转变为白矮星，最终成为一颗不会发光的寒冷恒星，完结一生。

超新星爆炸

有些恒星比太阳重3至十几倍，而巨大的质量导致重力坍塌，中心部温度高达1亿开尔文，氦核开始进行核聚变。

其中，质量在8倍太阳质量以下的话，由氦合成的碳元素会在中心不断积累，当电子的斥力不足以抵消其重力时，就会发生坍塌。随后碳发生核聚变，引起大爆炸。

而且，大于8倍太阳质量的恒星中心有铁，铁会持续吸收能量，最后被氢和中子分解（光解）。最终，核心处的压力突然下降，发生中心外层受到反冲作用四处飞散，引起爆炸。

以上的过程就是超新星爆炸。

从地球的角度看，会发现宇宙中突然出现了一颗十分明亮的星，因此称其为"超新星"。但实际上，这并不是新的恒星，而是一颗恒星在生命的最后时刻释放出的闪光。

超新星爆炸现象，在人类可观察到的宇宙中每一二百年发生一次。

在镰仓时代（1185—1333）初期，日本有一个叫作藤原定家（1162—1241）的歌人。他的代表作被收录在《新古今和歌集》。藤原在日记《明月记》中写道，平安时代末期天喜二年（1054年），以当时的日历算是5月11日至5月20日的夜晚，看到了一颗和木星同等亮度的星。后来经调查得知，这颗明亮的星，是M1（蟹状星云）的超新星爆炸状态。

捕捉超新星放出的中微子

大质量恒星发生超新星爆炸的时候，会释放出一种叫作中微子的粒子。中微子以光速运动，质量不到电子的万分之一。它最大的特征是不与任何物质发生反应，遇到任何物体（比如我们的身体或地球）都能直接通过。

小柴昌俊博士研究中微子取得了成果并在2002年荣获诺贝尔物理学奖。小柴博士首次捕捉到了大麦哲伦星系中出现的超新星产生的中微子。

在测定时，为了避免其他宇宙射线的影响，日本在岐阜县神冈矿山地下1000米深处设置了一个巨大的水槽和用于探测中微子发出的切连科夫辐射荧光的探测器（光电倍增管）。

1996年起，探测数量超过神冈探测器70倍以上的超级神冈探测器投入使用，人们由此发现了中微子是具有质量的。

"流浪地球"会成真吗

类似地球的红色行星

位于地球公转轨道外侧的第一颗行星就是火星。从地球上看火星是红色的,这是因为火星地表被富含赤铁矿(氧化铁)的岩石覆盖着。火星直径约为地球的一半,质量约为地球的十分之一。

火星的自转周期和地球相近,为24小时37分,而绕太阳的公转时间为687天。此外,火星的自转轴倾角为25度,和地球的相近,因此也有四季变化。

约46亿年前,太阳系诞生期间,围绕太阳旋转的气体和尘埃的"圆盘"中形成了高密度部分,以这些高密度部分为中心,直径为数千米的小行星就此诞生。随后,小行星之间反复碰撞,逐渐增大,最终形成了像火星、地球这样的行星。

虽然火星和地球是同一时段诞生的行星,但地球表面被丰富的水资源覆盖,而火星表面却是荒凉的沙漠。

改变地球和火星命运的是什么呢?

被认为最大的原因是星球大小的差异。火星的质量不到地球的十分之一,所以吸引大气层的重力只有地球的四分之一,水蒸气很容易逃逸到宇宙空间。火星的气压只有地球标准大气压的二百分之一。

火星也是"水的行星"?

以前的火星表面也富含水,这个观点自20世纪70年代以来一直受到重视。探测器的调查显示,火星表面上有的地方留有液态水大规模流动的痕迹。

科学家在相当于地球北极和南极的火星"极冠"和北极冠平原的火山口中都发现了冰块的存在。仅南极冠的冰块中蕴藏的水,几乎就可以覆盖整个火星表面11米,可见水量十分巨大。

此外,NASA于2004年送上火星的两台无人探测器"勇气号"和"机遇号"发现了火星上存在大量水的证据。

火星上存在没有大量水就不可能形成的硫酸盐矿物，带有波纹层的岩石也表明火星上曾经有过水流。

现在也有新的发现，如从火星内部喷出的液态水形成的堆积物痕迹等可作为证据。

基于以上原因，我们可以预测以前的火星上存在大量液态水，曾经历过温暖、湿润的时代。现在可以确认的是，在火星的地下，水以冰的形式继续储存着。

也就是说，火星极有可能就是"水的行星"。水是孕育生命的关键物质。虽然也有某些研究者认为火星上存在类似细菌的生物，但目前大部分人持否认态度。

人类可以生存的唯一行星

你有没有听过"外星环境地球化"（Terraforming）这个词呢？

这个计划指的是，将现在生命体无法居住的行星改造成人类可以居住的、带有绿树青山的行星的宏伟计划。而作为后备星，最有力的竞争者就是火星。

太阳到火星的距离是太阳到地球距离的1.5倍，所以火星表面接收到的日照很少，改造的第一步就是使火星表面变暖。

对此有两种具体的讨论方案。

第一个方案就是,增加火星地表吸收的太阳光,使火星温度上升。比如,在火星附近的宇宙空间放置一面巨大的薄镜子去吸收太阳光,然后反射到火星的极冠上使冰融化。极冠处的冰融化后,大气中的水蒸气和二氧化碳就会增加,产生温室效应,这样一来就可以保持暖和的气候了。

另一个方案就是,将覆盖火星表面的暗黑色碳质弄碎,并将其喷洒到火星表面,提高太阳光的吸收效率。

第二步要做的,就是将火星的大气改造为适宜生物生活的成分。现在火星的大气主要成分为:95.3%的二氧化碳、2.7%的氮气、1.6%的氩气。

针对这个问题,目前专家讨论的是可以利用藻类这种简单生命体来操作。藻类可以吸收二氧化碳进行光合作用,释放氧气。在火星大气变暖、稳定地存在液态水后引进这种藻类的话,也许可以使火星大气中存在氧气。

想要顺利推行这个计划,就必须要利用基因工程学来培育出光合作用效率较高的藻类。当这个超大项目"外星环境地球化"启动后,数百年后诞生在火星的地球人将不再是梦。

Part 3 奇妙的宇宙故事

你来自哪里？

我来自火星。

后记

日本现行的初中的理科分为物理、化学、生物和地理四个领域。现在的地理教育课程安排是：初一学习火山、地震、岩石和矿物；初二学习天气变化；初三学习地球和宇宙。初中是义务教育，所以日本的国民都要学习地理知识，但高中理科生选择地理的人很少。

大学读文科专业的学生，在参加入学考试时不需要考理科。而选择读理科的学生，在考试时基本都会选择考物理和化学或者生物和化学。在考试时选择地理的人屈指可数。导致这种情况的原因就在于，高中选择学习地理的学生太少了。

如果你读了此书觉得地理其实很有意思的话，那么请尝试系统地学习一下吧。在我的著作中详细总结了相关知识：有初中水平的《成人需要重新学习的中学地理》（SB

Creative）和高中水平的《新版高中地理教科书》（讲谈社bluebacks）。

在撰写本书时，我屡屡感叹科学家也真的只是普通人而已。在研究的过程中，经常会出现自己的学说得不到认可、被别人欺骗深感羞耻的情况。即使如此，科学家们依然前赴后继地去挑战大自然的未解之谜，也因此铸就了今天的科学。但谜团还是会一个一个出现，今后科学家们也会继续探究。

感谢中学地理教师小林则彦老师对本书提供的帮助。小林老师目前也从事着《理科探险》（*RikaTan*）杂志的规划和编辑工作。该杂志重点普及理科的趣味性。能同小林老师一起展示地理的魅力，欣喜不已。

此外，平贺章三老师（奈良教育大学教授）也对我的原稿有所指点，特此感谢。

左卷健男

参考文献

《纯朴科学史的99个谜题》：[日]市场泰男著，日本产业报杂志Sanpo books1977年出版。

《探寻地球之谜》：[日]大冢道男著，日本藤森书店1977年出版。

《地球的诞生与进化之谜》：[日]松井孝典著，日本讲谈社（讲谈社现代新书）1990年出版。

《愉快的科学课本生物·地理》：[日]左卷惠美子、县秀彦著，日本讲谈社1996年出版。

《新版高中地理教科书》：[日]杵岛正洋、松本直记、左卷健男著，日本讲谈社2006年出版。

《人类知道的一切短暂的历史》：[美]比尔·布莱森著，[日]榆井浩一译，日本广播出版协会2006年出版。

《冰河地球：雪球地球与生命进化的故事》：[日]田近英一著，日本新潮社新潮选书2009年出版。

《一本书看地球的历史和构造》：[日]山贺进著，日本beret2010年出版。